100个日常俗语中的古代社会史

许晖 著

广西师范大学出版社
· 桂林 ·

大有號照枫齋粮食老鋪
高麗洋布
鮑仁太號毛尖旗鎗龍井細茶舖

白玉膏
清寧齋
清寧齋虔製参茸至宝膏
進京異味乳醬
海寧分此
正大青鹽乳腐
進京甜瓜

目 录

登堂入室

◆ 走街串巷

鞠躬尽瘁

观之字内

登堂入室

一顿饭
为何用“顿”作为计量单位？

人们常说“吃一顿饭”“一天三顿饭”“骂了一顿”，等等，说起来习以为常，但是仔细一想问题就出来了：“顿”为什么能够作为计量单位呢？

《说文解字》：“顿，下首也。从页，屯声。”也就是说，“顿”是一个会意兼形声的字，“页”指头部，“屯”是聚集、滞留之意，因此“顿”会意为叩头至地而止，所谓“顿首”是也。“顿”因此而引申为停留、屯驻、止息。

《隋书·炀帝纪》载：“帝性多诡谲，所幸之处，不欲人知，每之一所，辄数道置顿，四海珍羞殊味，水陆必备焉。”隋炀帝性情诡谲，每到一处，在好几条道路上都“置顿”，生怕被人知道。这里的“顿”是名词，指停留、止息的宿食之所，“置顿”的意思就是设立住宿和饮食之处；也称作“顿所”，指军队屯驻的营房或馆舍。

古代有九种跪拜的礼节，称作“九拜”，其中第二拜叫“顿首”，叩头至地，不加停留，一触地就抬头，“顿”一下而已。由此引申出“顿”当作量词使用的“一次”。

《世说新语·任诞》记载了襄阳太守罗友年少时的一则趣事：“襄阳罗友有大韵，少时多谓之痴。尝伺人祠，欲乞食，往太早，门未开。主人迎神出见，问以非时何得在此，答曰：‘闻卿祠，欲乞一顿食耳。’遂隐门侧。至晓，得食便退，了无怍容。”

春祭曰“祠”。罗友想趁着祭神的时候乞食，但到得太早，还没开门。主人家问他还不到时候在这里干吗，罗友回答道：“听说您要祭神，我只是想乞求一顿食而已。”“怍（zuò）容”指惭愧之色，罗友即使乞食也没有惭愧之色，因此被列入“任诞”的行列。果然，有奇才、不拘小节的罗友后来得到了重用。

“一顿食”即吃一次饭。“顿”作为计量单位就此流传了下来。杜甫有诗《戏作俳谐体遣闷二首》，其中吟咏道：“家家养乌鬼，顿顿食黄鱼。”“乌鬼”是什么东西？历代聚讼纷纭，有说是鸬鹚，有说是乌鸦，有说是乌蛮鬼，有说是猪。不过从下句“顿顿食黄鱼”的描述来看，更有可能是鸬鹚。南方水乡，家家养有鸬鹚，用以捕鱼，因此每顿饭都能吃上黄鱼。

《烟波渔乐图》，传元代唐棣绘，绢本浅设色，台北故宫博物院藏。

唐棣（1296—1364），字子华，晚号遁斋，元代画家，吴兴（今浙江湖州）人。幼而聪颖，弱冠时拜赵孟頫为师，远师宋代李成、郭熙，工山水。此图旧传为唐棣所绘，但据研究可能是明代十五至十六世纪浙江画派之倪端画派的作品。

历代绘画中，以“渔乐”为题材者甚多，常描绘渔民泛舟乐业、丰衣足食的景象，多少有粉饰太平之意。本幅画溪山平远，云雾弥漫，渔夫在一处开阔的河口上捕鱼的情景。江心两渔舟正在合作撒网。近景两渔舟停驻岸边，一渔妇在船头煮饭，低头吹管助燃炉火，篷顶上炊烟很快随风飘散。另一舟上停着几只鸬鹚。此刻风急雨斜，渔夫皆披蓑戴笠，岸边树木受强风吹拂摇摆不定。但渔人视风雨如等闲，均专注于手头的事，有条不紊。相信他们收获丰足，定能“顿顿”食鱼。

人尽可夫
本来不是形容女人淫荡

“人尽可夫”这个口头语，今天用来形容淫荡的女人可以跟任何一个男人上床，任何一个男人都可以做她的丈夫。但是在古代，这个词却浸透了浓浓的亲情。

《左传·桓公十五年》讲述了一个故事，是为“人尽可夫”一词的最早出处。郑厉公即位后，对把持朝政、专断独行的大臣祭足非常不满，于是跟祭足的女婿雍纠合谋，准备杀掉祭足。雍纠设了一计，打算在郊外宴请祭足，借机发难。

雍纠的妻子雍姬得知了丈夫的计划，回去问母亲：“父与夫孰亲？”父亲和丈夫哪个更亲呢？雍姬的母亲回答道：“人尽夫也，父一而已，胡可比也？”雍姬母亲的意思是：父亲只有一个，而天下的男人多得是，从理论上来说，任何一个男人都可以作为选择的对象，二者完全不具备可比性。

听了母亲这番话，雍姬下定了决心，对父亲透露了丈夫的阴谋：“雍氏舍其室而将享子于郊，吾惑之，以告。”雍姬的话说得很委婉：丈夫不在自己家里宴请父亲您，却把宴请的场地定到了郊外，我觉得很疑惑，所以才告诉您这件事。

祭足是著名的谋略家，焉能听不懂女儿的这番话？于是先下手为强，杀了女婿，并且将尸体陈列在郑国大夫周氏的水塘里。这种举动无疑是向郑厉公示威。“公载以出，曰：‘谋及妇人，宜其死也。’”郑厉公逃跑到蔡国的时候还不忘载着雍纠的尸体，感叹说：“谋之于自己的女人，真是死得活该！”

这就是“人尽可夫”一词的最早出处。“人尽夫也，父一而已”其实是一句大实话，而且充溢着先秦时人的温柔敦厚之旨，根本没有对女人淫荡的指控。张爱玲在发表于1943年的短篇小说《心经》中，运用的仍然是这个词的古义，她借小说中的女性之口说道：“任何人……当然这‘人’字是代表某一阶级与年龄范围内的未婚者……在这范围内，我是‘人尽可夫’的！”

不知从何时起，后人望文生义，进而断章取义，用这个俗语恶毒地诅咒他们心目中淫荡的女人，真是令人浩叹！

《列女传》卷二插图『晋圉怀嬴』，西汉刘向撰，明代汪道昆增辑，万历年间刻，清乾隆四十四年（一七七九）鲍氏知不足斋刊本。

《列女传》原为刘向所撰，记叙自上古至西汉女性事迹，以为闺范。此本经明代文学家汪道昆（1525—1593）增补，共收录三百余人，每人配版画一幅，题作仇英绘图、徽工镌板，线条流畅、细腻，为明代版画精品。

这幅画的是秦穆公之女怀嬴的故事。秦晋交恶，晋惠公以公子圉（yǔ）入秦为人质，秦穆公为笼络他，将女儿怀嬴嫁给了他。后晋惠公病重，公子圉欲逃回晋国，问怀嬴：“子其与我行乎？”怀嬴对曰：“从子而归，是弃君也。言子之谋，是负妻之义也……子行矣，吾不敢泄言，亦不敢从也。”于是公子圉弃妻逃归，即位为晋怀公。君子谓怀嬴善处夫妇之间。

画面上表现的是公子圉逃归前与怀嬴惜别一幕。此事令秦穆公大怒，决定帮助流亡的晋公子重耳（即后来的晋文公）复国，又将怀嬴改嫁给重耳。怀嬴被迫二嫁晋国，真成了“人尽可夫”。所谓“秦晋之好”，实质不过是牺牲女子幸福换取政治上暂时的同盟而已。

马桶
为什么用马来命名？

《周礼》记载，周代有专门的“玉府”，掌管一切珍玩玉器，甚至还包括国君的“亵器”。所谓“亵器”，郑众注解说：“亵器，清器、虎子之属。”也就是说，郑众所在的汉代，总名为“亵器”的便器也称作“清器”或“虎子”。

“虎子”之名甚为奇特，但直到两宋间词人赵令畤所著《侯鲭录》方才有释义：“李广与兄弟猎于宜山之北，见卧虎焉，射之，一矢即毙。断其头为枕，示服猛也；铸铜象其形为溲器，示厌辱之也。至今溲器谓之虎子，或为虎枕。”把“虎子”的发明权归于飞将军李广。

不过，元人陈芬所著《芸窗私志》中则给出了另一种解释：“客问瑶卿曰：‘溺器而曰虎子，何也？’答曰：‘神鸟之山，去中国二十五万里，有兽焉，名曰麟主，服众兽而却百邪。此兽欲溺，则虎伏地仰首，麟主于是垂其背而溺其口，故中国制溺器名虎子也。’”

这两种说法年代都较晚，不足以证“虎子”之得名。

“虎子”还有一个别称，可以见出得名由来。东晋干宝编撰的志怪小说集《搜神记》中记嘉兴人倪彦思家里来了一只鬼魅，倪彦思请道士驱除，“道士便盛击鼓，召请诸神。魅乃取伏虎，于神座上吹作角声音。有顷，道士忽觉背上冷，惊起解衣，乃伏虎也。于是道士罢去”。“伏虎”就是“虎子”。古人以虎为阳兽，显然，降伏老虎，取其形作为帝王、男性的便器，乃是辟邪之意。

记载西汉杂史的《西京杂记》一书中写道："汉朝以玉为虎子，以为便器，使侍中执之，行幸以从。"南宋学者赵彦卫所著《云麓漫钞》中有这样一则记载："唐讳虎，改为马，今人云厕马子者是也。"之所以从汉代的"虎子"改名为唐代的"马子"，是因为唐高祖李渊的祖父叫李虎，唐人讳"虎"，改为"兽子"，或用体型最大的"马"来代替而称"马子"。

"马子"流传到民间之后，多用木制，又称"木马子"。北宋文学家欧阳修在《归田录》中记载道："燕王好坐木马子，坐则不下，或饥则便就其上饮食，往往乘兴奏乐于前，酣饮终日。"这位燕王如此偏爱"木马子"，真有个性。

也是在宋代，始有"马桶"之称。南宋吴自牧所著《梦粱录》载："杭城户口繁伙，街巷小民之家多无坑厕，只用马桶。"从"马桶"之名便可知，形状已由卧虎之形变成桶形，因此更适合女性使用，男人则仍然沿用卧虎状（即壶状）的便器，称作"便壶""夜壶""溺壶""尿壶""尿鳖"，等等。元代戏曲家施惠在《幽闺记》中写道："打扫两间房，铺下两张床，两个短枕头，一个小马子，一个小尿鳖。"其中"马子"供女人使用，"尿鳖"供男人使用。

清代文学家袁枚在《续子不语》中讲了一个"溺壶失节"的故事。西部人张某有个幕友是杭州人，两人同船出门，夜里，幕友内急，借用了张某的尿壶。张某得知后大怒，说道："我西人俗例，以溺壶当妻妾，此口含何物，而可许他人乱用耶？先生无礼极矣！"命令手下杖打溺壶三十下，将之扔到了水里，然后把幕友的行李扔到岸上，扬帆而去。

"以溺壶当妻妾"并不仅仅是西部人的陋俗，古代民间把女人叫作"马子"，二十世纪八九十年代的北京话和港台电视剧里还延续着这个称呼，把交女朋友称作"泡马子"。将女人视同马子，意味着女人像马子一样，是承载男人排泄物的工具，这是对女性极大的侮辱，是男权社会中男尊女卑的反映。

现代的抽水马桶是由英国人发明的，后来才传入亚洲国家。

《苏州市景商业图册》之一，清代佚名绘，纸本设色，法国国家图书馆藏。

《苏州市景商业图册》以素描点彩的手法，细致描绘了明末清初姑苏城内百业兴旺、物产富庶的繁华市景。此图册以神父蒋友仁（1715—1774）之名编纂出版于乾隆三十六年（1771），收录了三十六帧城市街景，各帧之间若断若连，大致由五人之墓起，穿山塘街，过阊门，经宝城桥街、桃花坞大街等，直至北寺塔附近。画中除了鳞次栉比的店铺，处处可见游商小贩、小吃食摊，以及各行各业的市民、游客，一派祥和景象。

此幅所绘街道铺着整洁的石板，行人或挑或扛，或驻足于各商铺门前。细看街边门店，有香油铺、算盘铺、花露店、鲜鱼店、火腿铺等名色，琳琅满目。其中有一家专卖漆器嫁妆的，店内陈列着许多红漆盘盒之类。江南一带女子出嫁，嫁妆往往包括各种漆器，其中必有的一样是朱漆马桶，讲究的要用朱漆描金马桶。因女子常坐于马桶之上分娩，马桶又叫“子孙桶”。婚礼上，子孙桶中要放红蛋、红枣、花生等物，让宾客中的小孩子去摸，寓意“早生贵子”。画中的这家漆器店想必不会少了此物吧。

下榻
是真的把床放下来

“下榻”是指客人住宿，虽然多用作书面语，但在日常俗语系统中无人不知其含义；而且不论国家元首、高官显贵还是平头百姓，只要去住宿，一概可以用“下榻”某酒店的说法。

但是“下榻”最早的用法却大不相同。这个典故出自东汉有名的耿直大臣陈蕃。陈蕃最为人所知的名言就是那句“不扫一屋而扫天下”。《后汉书·陈蕃传》载：“蕃年十五，尝闲处一室，而庭宇芜秽。父友同郡薛勤来候之，谓蕃曰：‘孺子何不洒扫以待宾客？’蕃曰：‘大丈夫处世，当扫除天下，安事一室乎！’”

陈蕃任乐安太守时，“郡人周璆，高洁之士。前后郡守招命莫肯至，唯蕃能致焉。字而不名，特为置一榻，去则悬之”。贵为太守，对显然没有功名的周璆（qiú）却只呼他的字（孟玉）而不称名（璆），这是非常尊敬的表示。不仅如此，陈蕃还在家中专门为周璆设了一张卧榻，以便联床夜话。这张榻平时都悬起来，只有周璆来住宿的时候才放下来，故称“下榻”。周璆一走，这张榻就又悬起来了。

还有一个人也享受到了陈蕃“下榻”的待遇，这个人就是被称作“南州高士”的徐穉（zhì）。陈蕃任豫章太守的时候，又重演了“下榻”一幕：“以礼请署功曹，穉不免之，既谒而退。蕃在郡不接宾客，唯穉来特设一榻，去则悬之。”

南朝齐诗人谢朓和沈约同为“竟陵八友”，私交极好。谢朓曾写有一诗

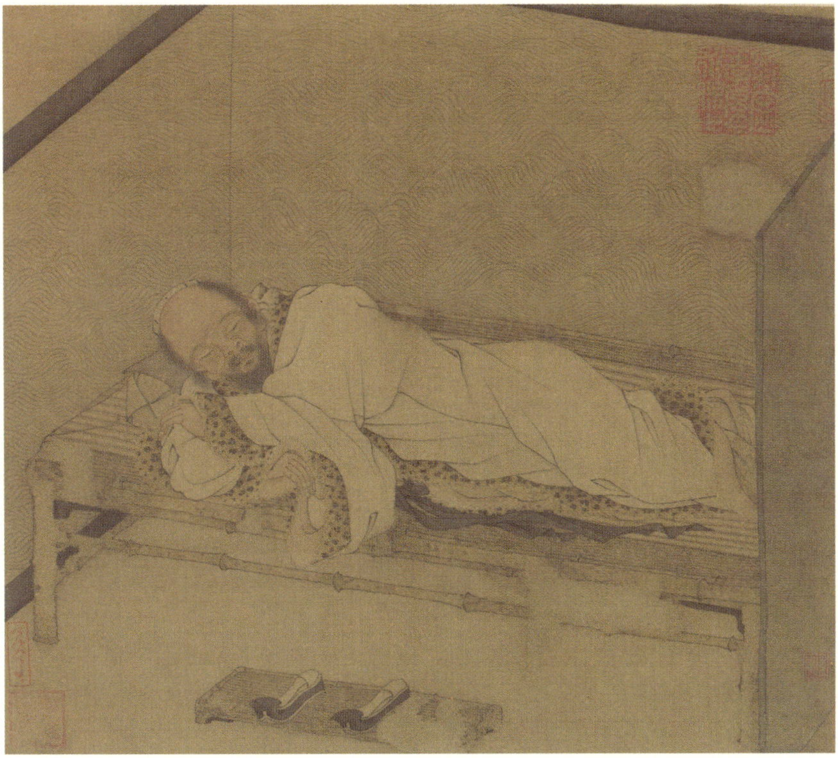

《竹榻憩睡图》，元/明佚名绘，绢本设色，美国大都会艺术博物馆藏。

这是一幅册页。三折屏风围出一个相对私密的空间，其中安放一张简易竹榻。一位老者侧卧于榻上，正安然合目而睡，榻下摆了一双黑履。从老者身下垫的毛皮和身上披的裘衣来看，应是秋冬季节。三围屏风可以起到很好的挡风作用。老者面目清癯，额头宽广，皱纹纵横，睡姿十分安详。屏风、竹榻的形制皆古朴素雅，屏风上绘有简易水纹，隐隐透露出主人的志趣。这张竹榻的结构被画家描绘得十分清晰，看上去轻巧耐用。这样的榻挂起来也是很方便的吧。

《在郡卧病呈沈尚书诗》，沈约和诗《酬谢宣城朓诗》，其中有“宾至下尘榻，忧来命绿樽”之句。“尘榻”指特为尊贵的客人准备的榻，而贵客久久不至，悬起的榻上积满了灰尘；贵客再来的时候，才将此“尘榻”放下来。“绿樽”指盛满新酒的酒杯。

从此之后，“下榻”一词就成为礼贤下士、接待贵宾的敬语，又演变为只要住宿即称“下榻”，跟真的把榻放下来没有任何关系了。

女红
"红"原来是"工""功"的通假字

人们都知道，妇女所从事的纺织、刺绣、缝纫等工作被称为"女红"。人们习焉不察地使用着这个名称，但是如果询问一下"女红"的"红"到底是什么意思，"女红"跟红色到底有什么关系，相信大多数人都会哑口无言。

原来，"女红"的"红"跟红色毫无关系，"红"不是指红色，而是一个通假字，因为音同而通"工"和"功"。也就是说，"女红"应该读作"女红（gōng）"。

"女红"最早的称谓就是"女工"或"女功"。《周礼》载，周代有"缝人"一职，掌管宫中缝纫之事，下属有"女工八十人"，郑玄注解说："女工，女奴晓裁缝者。"可见，最初的女工由女奴担任。

同样据《周礼》，郊外的地方组织单位之一称"酂（zàn）"，设"酂长"一职，职责之一是"稽其女功"，郑玄注解说："女功，丝枲之事。""枲（xǐ）"是大麻，"丝枲之事"即缫丝绩麻之事。

到了汉代，"红"开始作为通假字来使用。两汉书中频频出现"红女""女红"的称谓，比如《汉书·郦食其传》中描写天下大势："楚、汉久相持不决，百姓骚动，海内摇荡，农夫释耒，红女下机，天下之心未有所定也。""耒（lěi）"是农具，农夫放下了农具，红女离开了织机，天下之乱可想而知。

《汉书·景帝纪》载汉景帝所下诏书："雕文刻镂，伤农事者也；锦绣纂组，害女红者也。农事伤则饥之本也，女红害则寒之原也。"在宫室和用具上涂彩雕花，浪费民力，不利于农耕，农事废弛就会导致饥荒；“纂（zuǎn）组”指赤色的绶带，编织精美的织锦也属于浪费妇女工作的奢侈行为，女红之事废弛就会导致受冻。

汉代以后为什么会用“红”作为“工”或“功”的通假字呢？除了音同之外，也因为纺织、刺绣、缝纫之事都跟鲜艳的色彩有关。《说文解字》：“红，帛赤白色也。”女人常年跟红红绿绿的纺织品打交道，于是人们就用更能表现妇女工作性质的“红”来通假了，以至于今天已经不知道“红”的本字其实是“工”或“功”，所以连读音都念错了。

《针仕事》，喜多川歌麿绘，约一七九四—一七九五年。

作为“大首绘”的创始人，喜多川歌麿（1753—1806）代表着浮世绘美人画创作的巅峰。他活跃于浮世绘黄金时期，以纤细高雅的笔触绘制了许多近景特写的美人，竭力探究女性的喜怒哀乐与种种微妙情态之美。他所描绘的女性类型和女性活动超过其他任何浮世绘师。

这是一幅描绘女性家庭活动的三联画。“针仕事”是针线活的意思。炎热的夏日，三位家庭妇女聚在一起，正忙着缝补和折叠衣物。她们的孩子在周围玩耍。一个小男孩爬到母亲的腿上去拿扇子，一个大一些的男孩拿着镜子逗弄一只猫咪，另一个少女坐在后面欣赏小笼子里的昆虫（也许是萤火虫）。母亲们专注于手头的工作。她们正在处理的织物似是和服的重要部件宽腰带。两位女性正展平折叠一条红色印海星图案的腰带，另一位举起一条黑色波点图案的半透明腰带，似在检查刚缝补好的地方。画中女性穿着轻薄，露出的肌肤仿佛带着体温。细腻表现美丽织物和温润肌肤的质感，都是歌麿的拿手好戏。

不肖子孙
并非指不孝顺的子孙

今天的人们常常将“不肖”和“不孝”混淆，“不肖子孙”因此也就被理解为不孝顺的子孙。其实，“不肖”和不孝顺一丁点关系都没有。

《说文解字》解释说：“肖，骨肉相似也。”什么叫“骨肉相似”？肉可见，骨不可见，因此“肖”这个字不仅形容外表的相似，更用以形容本质特点上的相似。许慎接着解释说：“不似其先，故曰不肖也。”不像他的祖先，因此叫“不肖”。

在为《礼记》所作的注疏中，郑玄解释说：“肖，似也，不似，言不如人。”郑玄的意思是说子不如父。子不如父，因此“不肖”引申为不成材的意思。

《礼记·射义》载：“孔子曰：‘射者何以射？何以听？循声而发，发而不失正鹄者，其唯贤者乎！若夫不肖之人，则彼将安能以中？’”箭靶的中心称“鹄（gǔ）”。这段话的意思是：射箭的人怎样使射箭和音乐相配合，又怎样使音乐和射箭相配合？按照音乐的节拍发射，发射出去而正中靶心，大概只有贤者才能做到吧！如果是不肖之人，他哪里谈得上射中呢？古人常常把“贤”和“不肖”对举，正如孔子这段话中的“贤者”和“不肖之人”，可见“不肖”就是不贤、不成材的意思。

《庄子·外篇》中“天地”一章，有关于“不肖”的更清楚的解释：“孝子不谀其亲，忠臣不谄其君，臣子之盛也。亲之所言而然，所行而善，则世俗谓之不肖子；君之所言而然，所行而善，则世俗谓之不肖臣。”这段话的意思是：孝子不奉承他的父母，忠臣不谄媚他的国君，这是大臣和人子中品德最高的。父母说的都认为对，做的都认为好，这就是世俗所说的不肖之子；国君说的都认为对，做的都认为好，这就是世俗所说的不肖之臣。

西晋学者郭象注解说："此直违俗而从君亲，故俗谓不肖耳。"很显然，违背世间通行的道理，而去顺从国君和父母，这就叫"不肖"。按照通常的说法，顺从父母才叫孝顺，可是"亲之所言而然，所行而善"，父母说的都认为对，做的都认为好，这样的人竟然被称作"不肖子"，可见"不肖子"跟不孝顺毫无关系，而是指不成材。

清代学者王应奎所著《柳南续笔》中有"不肖子"一条，其中写道："今世人子丧中用帖，称'不肖子'。"父母死后，儿子在居丧期间自称"不肖子"，这并不是自称不孝顺，其实乃是自谦之辞，是自谦不成材的意思。王应奎接着质疑道：如今的士大夫们不明白这个意思，凡是中科甲者以及仕宦中人，都在帖子中改称不孝顺的"不孝"。你科举考试都考上了还自称不孝顺，你都当官了还自称不孝顺，岂非明明白白地讽刺父母不如自己吗？况且按照祭礼的规定，居丧期间自称哀子、哀孙，祭祀的时候自称孝子、孝孙，从来没有自称不孝顺的。又况且刑罚有三千，而罪莫大于不孝，怎能以不孝顺自居呢！王应奎的质疑很有道理，可见"不肖"乃是自谦之辞，自谦不成材，绝对不能和不孝顺的"不孝"混用。

唐宋间诗人孙光宪所著《北梦琐言》一书中说："不肖子弟有三变：第一变为蝗虫，谓鬻庄而食也；第二变为蠹鱼，谓鬻书而食也；第三变为大虫，谓卖奴婢而食也。""鬻（yù）"是卖的意思。不肖子弟有三种变化：第一变为蝗虫，坐吃山空，靠变卖父亲留下的庄园为食；第二变为蠹鱼，就是书里面的蠹虫，靠变卖父亲留下的书籍为食；第三变为大虫，靠卖奴婢为食，卖人而食当然就是凶恶的老虎了。孙光宪感叹道："三食之辈，何代无之。"

俗话说“富不过三代”，也就是这个意思。

这是对不成材的子弟的尖锐讽刺，但是跟不孝顺的“不孝”同样毫无关系。

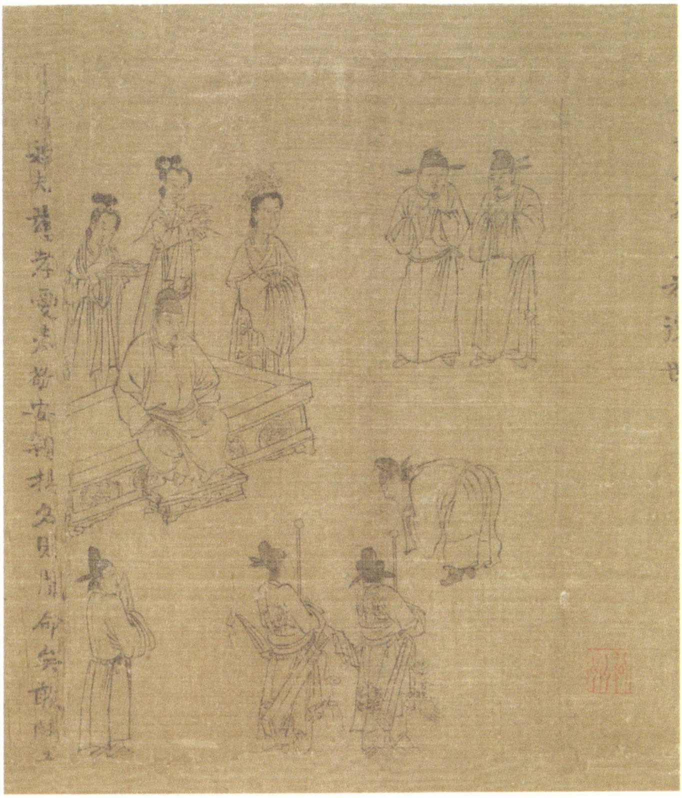

《孝经图》（局部），北宋李公麟绘，绢本墨笔白描长卷，美国大都会艺术博物馆藏。

李公麟（1049—1106），北宋著名画家，字伯时，号龙眠居士，博学多才，富文辞，工书法，精于鉴赏。凡人物、释道、鞍马、山水、花鸟，无所不精，时推为“宋画中第一人”，尤其历来被公认是一位杰出的白描人物画家。他与同时期的文人士大夫有密切往来，人物画自带温文尔雅之风致。《孝经图》卷作于1085年，是公认的现今存世的李公麟真迹之一。

此卷共十五段，以行楷书《孝经》之文，以线描配图，图文相间，书画合璧。这一段画面主题是《孝经》第十五章“谏诤”篇。曾子曰：“若夫慈爱、恭敬、安亲、扬名，则闻命矣。敢问子从父之令，可谓孝乎？”子曰：“是何言与！是何言与！昔者，天子有争臣七人，虽无道，不失其天下；诸侯有争臣五人，虽无道，不失其国；大夫有争臣三人，虽无道，不失其家；士有争友，则身不离于令名；父有争子，则身不陷于不义……故当不义则争之。从父之令，又焉得为孝乎？”画面中一位大臣正在朝堂上躬身向君主进谏。此章的意思是：真正的孝道，并非一味盲从父母君主之命，为臣为子都有劝谏的义务；倘若一味顺从，才是“不肖”呢。

风靡
原来是形容厨刀太锋利

今天的成语和日常口语中都经常使用“风靡一时”这个词，形容着装、爱好等各种时尚在一个时期内非常流行。“靡”的本义是散乱、倒下，比如“望风披靡”是形容草木随风倒伏之态，“风靡”即风行，也是形容风吹倒草木的样子，引申而指竞相效仿和倾慕。但是，“风靡”一词最初的用法却令人大跌眼镜！

《韩非子·内储说下》记载了晋平公的一个故事，不仅有趣，而且含有古人关于疾病的独特禁忌。

“晋平公觞客，少庶子进炙而发绕之。平公趣杀炮人，毋有反令。炮人呼天曰：‘嗟乎！臣有三罪，死而不自知乎！’平公曰：‘何谓也？’对曰：‘臣刀之利，风靡骨断而发不断，是臣之一死也；桑炭炙之，肉红白而发不焦，是臣之二死也；炙熟，又重睫而视之，发绕炙而目不见，是臣之三死也。意者堂下其有翳憎臣者乎？杀臣不亦蚤乎！’”

少庶子，战国时对年轻家臣的称谓；炙，烤肉；趣，通“促”，催促；炮人，厨师；反令，赦免；桑炭，桑木所烧的上等木炭；重睫，睫毛相重，形容眯着眼仔细查看；翳憎，暗中憎恨；蚤，通“早”。

这几个疑难字词解释清楚之后，这个故事就非常好懂了。家臣端来烤肉，上面却有缠绕的头发，晋平公催促快去杀掉厨师，不得赦免。厨师为自己辩解，说如此锋利的厨刀能砍断骨头却砍不断头发，桑炭能把肉烤得红红白白却烧不焦头发，眯着眼仔细观察烤好的肉却看不到头发，显然不合常理，是有人暗中憎恨我才陷害我的。

其中炮人所说的“臣刀之利”竟至于“风靡骨断”，像一阵风吹过去，骨头就砍断了。这里的“风靡”是形容词，由此可见炮人的这把厨刀之锋利。

一根缠绕在烤肉上的头发就让晋平公愤怒到要杀人的地步，如果不了解古人眼中头发和疾病的关系，就会觉得非常费解。李时珍在《本草纲目》中说：“发者血之余。埋之土中，千年不朽，煎之至枯，复有液出。误食入腹，变为症虫。煅治服饵，令发不白。此正神化之应验也。”晋平公之所以大动肝火，看似因为小事，其实正是对于头发“误食入腹，变为症虫”的认识所致。

三代歌川丰国即歌川国贞（1786—1865），江户时代末期最受欢迎的浮世绘师之一。歌川派是浮世绘一大流派，门下名画师辈出。歌川国贞出身名门，以艳丽的美人画、生动的歌舞伎演员画著称。他继承了老师歌川丰国的画号，称为“三代丰国”。

这是一幅三联画，描绘了江户城卯月的民俗风情。卯月即阴历四月，正是令江户人疯狂追逐的“初鲣”上市之时。“初鲣”即当年最早上市的鲣鱼，丰腴肥嫩，最适合做

《卯之花月》，三代歌川丰国绘，约一八四八—一八五四年。

生鱼片。画面上的长屋属于一户“常磐津（日本传统故事说唱艺能‘净琉璃’的一种）师匠（演员）”。正中是一个孔武有力的年轻鱼贩，手持利刃，当场处理着一条鲜鱼。旁边围满了迫不及待的男女老幼，各自端着碗盘，立等尝鲜。最早上市的鲣鱼当然极其昂贵，但过了最初几日，价格就会回落到“常磐津师匠”也负担得起的水平。处理鱼生需要技巧和力道，也需要一把极锋利的厨刀。手快，刀快，食客才能尝到最鲜美的风味。

开荤
开的是什么“荤”？

今天口语中的“开荤”一词，多用来形容第一次吃到新奇的食物，看到或者经历新奇的事情，“开洋荤”则程度更甚，本义与“吃素”相对，当然指食素之后开始食肉。但是“荤”这个字其实跟肉类一丁点关系都没有。

《说文解字》是这样解释“荤”这个字的：“荤，臭菜也。”这里的“臭”读 xiù。“臭”是所有气味的总称，不论香臭一概称“臭”，比如《易经》中有“其臭如兰”的句子，形容的就是如同菊科植物泽兰的香气。许慎所说的“臭菜”不是有臭味的菜，而是指味道浓重、辛辣的菜，所以荤、辛并举，比如五荤也叫五辛，是五种有辛辣味的菜。

关于五荤，李时珍在《本草纲目》中总结得非常清楚：“五荤即五辛，谓其辛臭昏神伐性也。炼形家以小蒜、大蒜、韭、芸薹、胡荽为五荤，道家以韭、薤、蒜、芸薹、胡荽为五荤，佛家以大蒜、小蒜、兴渠、慈葱、茖葱为五荤。兴渠，即阿魏也。虽各不同，然皆辛熏之物，生食增恚，熟食发淫，有损性灵，故绝之也。”

炼形家指修炼形体以求超脱生死从而成仙的方士。炼形家以小蒜、大蒜、韭、芸薹、胡荽为五荤。小蒜是中国原生的一种蒜；大蒜又称胡蒜，产自西域；韭是韭菜；芸薹即油菜；胡荽即芫荽，俗称香菜。

道家则以韭、薤、蒜、芸薹、胡荽为五荤。“薤（xiè）”在今天虽然是一个极其生僻的汉字，但指的却是古人的日常生活中不可或缺的蔬菜。不过这种植物今天已经非常稀有，仅在南方还少量种植，称作藠（jiào）子或

《李卓吾先生批评西游记》插图『收八戒』，明代吴承恩著，明代刻本，日本内阁文库藏。

本书是托名明代文学家李贽的《西游记》批评本，实际批评者可能是明代小说、戏曲评点家叶昼。全书共一百卷，书前附版画二百幅（每回两幅），为徽派著名刻工刘君裕、郭卓然所刻。

叶昼，字文通，自称锦翁、叶五叶、叶不夜、梁无知等，无锡人，生卒年不详。博涉群籍，才思敏捷，擅评论。万历年间，托名李贽评点小说、戏曲多种。

这两幅插图分属《西游记》第十八、十九回，描绘了唐僧师徒路过高老庄、计收猪八戒的故事。猪八戒本是天蓬元帅，被逐下界，错投猪胎，俗名唤作猪刚鬣，受观世音菩萨指点，在云栈洞等候取经人。他被孙悟空擒回拜师时道："我受了菩萨戒行，断了五荤三厌，在我丈人家持斋把素，更不曾动荤。今日见了师父，我开了斋罢。"三藏道："不可！不可！你既是不吃五荤三厌，我再与你起个别名，唤为八戒。""三厌"指忌食的雁、狗、乌鱼。不过孙悟空和猪八戒虽戒荤持斋，却不曾断酒，取经路上每每可以小酌几杯"素酒"。

藠头。薤的叶子长得像韭菜，因此下面有个“韭”字。

佛家则以大蒜、小蒜、兴渠、慈葱、茖葱为五荤。兴渠又叫阿魏，是一种有臭气的植物，原产于中亚国家和伊朗；慈葱即冬葱，茎叶慈柔而香，可以经冬，故称“慈葱”；茖（gé）葱即野葱。

炼形家、道家和佛家认为五荤“生食增恚”，指生吃增长怨恨之心，“熟食发淫”，指熟食诱发奸邪之心，都有损性灵，因此加以禁绝。

清代诗人赵翼曾经吟咏素食：“古人斋食但忌荤，所谓荤者乃五辛。后人误以指腥血，葱薤羊豕遂不分。”赵翼的感叹是对的，古时之“荤”从未指肉类，相应地，“荤腥”指有辛辣味的菜和鱼、肉，“荤膻”指有辛辣味的菜和羊肉，“荤臊”指有辛辣味的菜和肉类。而“素”一开始并不是指瓜果蔬菜之类，而是如《礼记·礼运》所云“未有火化，食草木之实”，指的是草木的果实，这才叫素食，后来才引申指僧人的斋饭。

“开荤”还有两种别称，即“解菜”和“解素”，意思是解除吃菜之戒，解除吃素之戒。南宋诗人王楙（máo）所著《野客丛书》中记载了这个风俗：“今人久茹素，而其亲若邻，设酒肴之具，以相暖热，名曰‘开荤’，于理合曰‘开素’，此风已见六朝。”意思是说，南宋时期假如有人吃素时间长了，那么他的亲戚和邻居就会准备美酒佳肴，以相暖热，互相之间传递人情的温暖。这就叫“开荤”，不过按照道理应该叫“开素”，即解开素食之戒。

王楙说“此风已见六朝”，六朝时已经有了这个风俗。“观东昏侯丧潘妃之女，阉竖共营肴羞，云为‘天解菜’，正其义也。”王楙说的东昏侯指南齐废帝萧宝卷，他为生女儿而死的潘妃斋戒，斋戒一段时间之后，宦官们为了讨好他，置办酒肴珍馐，称作“天解菜”，为天子解除吃菜之戒。

综上所述，“开荤”的说法其实是错误的，而应该叫作“开素”“解素”或者“解菜”。不过约定俗成之后，正像赵翼所感叹的那样，“荤”已经失去了本义，“开荤”也就泛指吃肉了。

五福临门指的是哪五福？

“五福临门”是中国民间的一个吉庆用语，过春节的时候，相互拜年时经常使用，春联上更是出现得非常频繁。不过，“五福”到底指的是哪五种福气，说得上来的人就很少了。

“五福”之说出自《尚书·洪范》：“五福：一曰寿，二曰富，三曰康宁，四曰攸好德，五曰考终命。”“寿”当然指高寿；“富”当然指家财丰足；“康宁”指身体安康，没有疾病；“攸好德”指修习美好的德行；“考终命”的“考”是老的意思，“考终命”即尽享天年，寿终正寝。

“五福”中有两福（“寿”“考终命”）都跟寿命有关，这也体现了远古人类的原始冲动。古人把人的寿命分成上寿、中寿、下寿三种，三种寿命的年龄说法不一。《庄子·盗跖》中说：“人上寿百岁，中寿八十，下寿六十。”孔颖达则说：“上寿百年以上，中寿九十以上，下寿八十以上。”高寿是古人的追求，也是最大的福气，所以按照古代的礼节，活到八十岁以上寿终正寝的，丧礼不用白布，而是用红色的挽联和红色的帐子，称为喜丧，丧事当作喜事办。

桓谭在《新论·辨惑》中更改了“五福”的定义：“五福：寿，富，贵，安乐，子孙众多。”这可以视作汉代人心目中的“五福”理想。与《尚书》相比，增加了“贵”和“子孙众多”这两种福。二者的区别在于：在秦汉大一统的集权制度出现之前，人们并不以做官为福，“大福大贵”的叫法是后来的事，“福寿双全”才是上古时期中国人的追求。

与汉代“五福”之一的“贵”密切相关的就是“禄”。《诗经》时代，福、禄每不加分别，福就是禄，禄就是福。直到《小雅·瞻彼洛矣》这一篇方始有别。这是一首天子与诸侯相会时，出自诸侯之口的赞美诗，开篇吟咏道：“瞻彼洛矣，维水泱泱。君子至止，福禄如茨。”“茨”指用芦苇、茅草搭盖的屋顶。这几句诗，中国台湾学者马持盈先生的白话译文为：“看那洛水是多么的深广啊，君子到了，他的福禄，像屋顶那样的高。”

郑玄注解说：“爵命为福，赏赐为禄。”这一注解反映的当然是汉代人对于福、禄的定义，即出自天子的爵命和赏赐就是福、禄，与“贵”紧密相连，已经无复《尚书》时代的古朴了。自此之后，“禄”专指禄位、俸禄，而“福”则仅指抽象的福气、福分。

总之，“五福临门”浓缩了古代中国人的终极理想，现代人仍然兢兢业业地遵循，只不过“子孙众多”的冲动弱化了。

《宝船》，歌川广重绘，约一八四〇年，英国维多利亚和阿尔伯特博物馆藏。

歌川广重（1797—1858），本名安藤重右卫门，十五岁时入歌川丰广门下，是江户后期的浮世绘巨匠。

在日本，与中国的“五福”“八仙”类似的神明是“七福神”。七福神在日本信仰中被认为会带来福气和财运，包括惠比寿、大黑天、毗（pí）沙门天、寿老人、福禄寿、辩才天、布袋这七尊神，他们各持法器共乘宝船的形象有点像中国的八仙过海。

七福神的起源已不可考，而且依时代及地域的不同，人们供奉的七福神也略有差异。其中除了惠比寿为日本固有的神外，其余皆为外来神：大黑天、毗沙门天、辩才天来自印度，寿老人、福禄寿、布袋则来自中国。此画上的宝船船艏雕龙，绣旗彩绘，乘风破浪于蔚蓝大海上，空中仙鹤飞鸣，天际红日初升，远处是富士山影。七福神济济一船，显得热闹喜庆。

日本素有以“初梦”占卜一年吉凶的习俗，元旦或元月二日夜里做的梦即“初梦”。初梦若能梦到“一富士二鹰三茄子”，最是大吉大利之事。据说，正月时将七福神乘坐宝船的图绘放在枕下，就能得到一个吉利的初梦呢。

太师椅
原来是以秦桧的官衔命名的

我们今天所见到的太师椅几乎都是扶手椅，靠背宽大，风格稳重。人们常常疑惑："太师椅"为何以"太师"命名？这个"太师"究竟有没有具体所指？答案是：不光"太师"具体有所指，而且最初发明出来的"太师椅"也跟现在的完全不一样。

"太师"是官职名称，周代始置三公，太师、太傅、太保，乃是辅佐国君之官，虽然历代相沿，但多为荣誉官衔，加于重臣以示恩宠而已，并无实职。"太师椅"的这位"太师"则具体指秦桧。

南宋张端义所著《贵耳集》载："今之校椅，古之胡床也，自来只有栲栳样，宰执侍从皆用之。因秦师垣在国忌所偃仰，片时坠巾，京尹吴渊奉承时相，出意撰制荷叶托首四十柄，载赴国忌所，遣匠者顷刻添上。凡宰执侍从皆有之，遂号太师样。今诸郡守倅必坐银校椅，此藩镇所用之物，今改为太师样，非古制也。"

"校椅"即"交椅"，腿交叉，有靠背，能折叠；三国时期从胡传入，故又称"胡床"；隋文帝杨坚忌讳胡人，改称"交床"。"栲栳（kǎo lǎo）"又叫"笆斗"，是指将柳条或竹篾弯曲而编成的盛物器具，最初的交椅都是这个样子，没有靠背可以凭依，因此秦桧坐在上面俯仰的时候头巾才会掉落。"师垣"是宰相的代称，秦桧时任宰相，加太师衔。"国忌"指帝、后的忌日。"守倅（cuì）"指郡守及其副职。

据此记载，"太师椅"乃是京官吴渊为奉承太师秦桧所创制，故称"太师椅”。此椅形制与后世不同，最主要的区别在于有“荷叶托首”，有荷叶状的头托承在脑后。

岳飞的孙子岳珂在《桯史》“优伶诙语”条中记载了一则秦桧的趣事。秦桧搬入新居的时候，宾客云集，有一位参军上前吹捧秦桧，“一伶以荷叶交倚从之”。荷叶交椅就是太师椅。参军拱揖退后，将要坐到椅子上的时候，头巾忽然掉了，于是他结成发髻，用双叠的环扎住。伶人立刻问道：“此何镮？”参军答道：“二胜镮。”伶人拿着树枝照头就打，说道：“尔但坐太师交倚，请取银绢例物，此镮掉脑后可也。”原来，伶人用“二胜”谐音被掳到金国的徽、钦二圣，讽刺秦桧只顾坐太师椅，却让二圣掉落脑后。秦桧大怒，将此伶人下狱处死。

明代学者沈德符在《万历野获编》中说：“椅之桮棬联前者，名太师椅。”“桮”通“杯”，“棬（quān）”是曲木制成的饮器，“桮棬”是用木制杯子的形状来比喻三面连环圈围起来的椅子。可见从明代起，太师椅的形制已不同于南宋时的荷叶交椅，凡是带有靠背和扶手的宽大座椅都可以称之为“太师椅”了。

《春游晚归图》，宋代佚名绘，绢本设色，北京故宫博物院藏。

宋代踏青游春之风盛行。此图描绘一行人春游归来，穿过林荫道路向城门走去。正中是一名骑在马上的老年官员，鞍前马后簇拥着十名仆从，有的牵马，有的引路，有的挑担，有的肩扛桌椅。人物错落有致，形态、动作各异又互有呼应。两旁大树葱茏，远处春山隐隐，融入迷蒙暮霭。

宋代太师椅还是带有荷叶托首的交椅，图中一个仆从肩扛的就是这种带荷叶托首的太师椅，有靠背，搭脑前曲作扶手，供主人游玩时休息宴乐。这把黑漆椅子的形制描绘得十分清晰。当时太师椅为官家之椅，春游时随身携带，也从侧面点出了主人的地位。

东道主
这个称谓是怎么来的？

“东道主”是指迎接、招待客人的主人，这个使用频率很高的日常俗语来源于春秋时期一场未遂的战争。

《左传·僖公三十年》详细描述了这场战争。

晋国和秦国围攻郑国，郑国大夫佚之狐向郑文公献计说：“国危矣！若使烛之武见秦君，师必退。”不过烛之武却以“臣之壮也，犹不如人；今老矣，无能为也已”的理由拒绝了。郑文公羞愧地向他道歉，说很后悔没有早早地重用您，不过如果郑国亡了，对您也没有什么好处。

深夜，烛之武缚了一根绳子，从城墙上坠了下去，到了秦军的大营。

见到秦穆公后，烛之武滔滔不绝地讲了一篇大道理：秦、晋两国围攻郑国，眼看着郑国马上就要灭亡了。如果郑国灭亡对秦国有好处，那您大老远地跑这一趟也值得。可是郑国灭亡对秦国非但没有任何好处，反而有大大的坏处。正如您所知道的，秦国在西，郑国在东，晋国在北，您灭掉郑国之后，把郑国变成秦国的边邑，那么就要越过晋国来管理这个边邑，不仅成本高，而且不易管理。这样一来就等于加强了晋国的力量，晋国的力量加强了，就等于秦国的力量削弱了，得不偿失。相反，如果您不把郑国灭掉，“舍郑以为东道主”——让郑国成为秦国东边道路上的主人——那么，秦国的使臣来来往往，郑国这个东道主还能提供食宿，何乐而不为？

紧接着，烛之武又指责晋国国君的人品：“且君尝为晋君赐矣。许君焦瑕，朝济而夕设版焉，君之所知也。夫晋何厌之有？既东封郑，又欲肆其

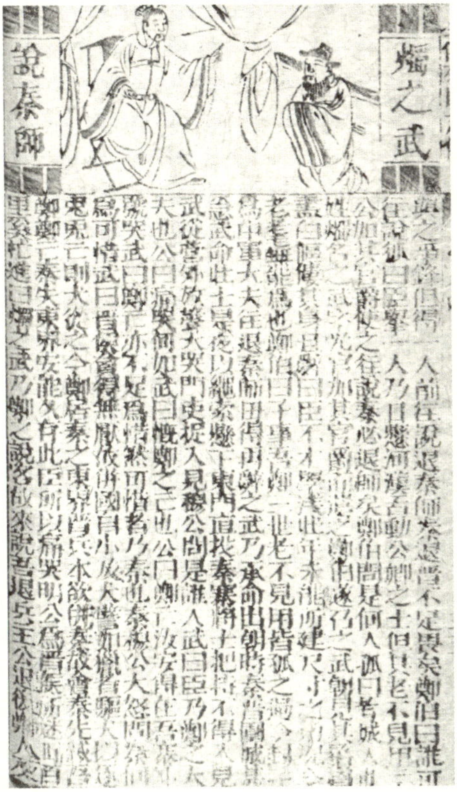

《新刻京本春秋五霸七雄全像列国志传》卷四插图『烛之武说秦师』，明代余邵鱼撰，闽书林杨美生万历二十八年（一六〇〇）刊本，德国国家图书馆藏。

余邵鱼，明代通俗小说作家，字畏斋，建阳（今福建省南平市建阳区）人，生卒年不详。嘉靖、隆庆年间，余邵鱼编撰《列国志传》，全书八卷，始于武王伐纣，终于秦并六国。该书虽自称“编年取法麟经，记事一据实录”（孔子修《春秋》，绝笔于鲁哀公十四年猎获麒麟事，后遂把《春秋》称为《麟经》），但其中也收录了不少民间传说故事。明末冯梦龙将其改编为《新列国志》一部，即后来通行的《东周列国志》。

“烛之武退秦师”是春秋历史上的著名事件，在《东周列国志》中被称为“老烛武缒城说秦”。公元前630年，秦、晋合兵围郑，受郑国大夫佚之狐举荐，烛之武领命深夜缒（zhuì）城而出，奔至秦营，向秦穆公陈说利害，使秦国放弃了攻打郑国的打算，并派兵保护郑国。后人赞曰：“五论救弱国，妙语退秦师。”

故事中，烛之武本为郑国圉正（养马的长官），长年不受重用，被举荐时已年过七十，须发皆白，伛偻蹒跚，“缒城”这个动作也是难为他了。

西封；不阙秦，将焉取之？阙秦以利晋，唯君图之。”烛之武说：“您曾经有恩于晋惠公，他当时许诺把焦、瑕两地割让给您，可是他早上刚刚渡过黄河，立刻就在那里筑城防御。晋国哪里有满足的时候呢？既要吞并东边，又要扩张西边的边界，如果不侵略秦国，它还到哪里去扩张土地呢？所以，灭掉郑国损害秦国的利益却有利于晋国，请您仔细掂量一下。”

这篇大道理讲得秦穆公心服口服，于是和郑国订立盟约，派大将帮助郑国防守，然后退兵。晋国孤掌难鸣，也只好退兵。

烛之武所说的“舍郑以为东道主”的“舍”是赦免之意，意思是不要攻打郑国，使郑国成为秦国东边道路上接待客人的主人。这就是“东道主”一词的来历，后来不管待客之主在哪个方位，都一概称作“东道主”了。

出恭
为何代指上厕所？

委婉语不仅是一种语言现象，也是一种社会文化现象，是考虑到避讳、禁忌、礼貌等问题而采用的一种或婉转或温和的语言方式，以减轻粗俗的程度。

比如上厕所的表述方式，古时有一种极文雅的委婉语，叫“出恭”。上厕所为什么称作“出恭”呢？有几种不同的说法。

其一，《古今笔记精华录》所引《刘安别传》云：“安既上天，坐起不恭，仙伯主者奏安不敬，谪守都厕三年。按：今人谓如厕曰出恭，当本此，因不恭而讹为出恭也。”这是说西汉淮南王刘安吞服丹药成仙之后，因坐卧不恭敬而被罚守厕所三年，“不恭”讹为“出恭”。

其二，近代学者孙锦标在《通俗常言疏证》中解释说：“今人以屙屎为出恭，非也。当作出共，共即粪字之省耳……粪字既从共，后世遂省为共字。以粪与共分二义，共、恭古本通用，故共又讹为恭，竟不知此共字从粪省矣……出共二字，其义如此，不可误作出恭矣。”

其三，清人顾张思所著《土风录》载：“如厕曰出恭。吕蓝玉《言鲭》谓‘出于恭敬之外’。是前明已有此语。”

其四，“出恭”是“出弓”的谐音，矢（箭）出于弓，“矢”和“屎”乃通假字，比如《史记》中描写廉颇“顷之三遗矢矣”。“出恭”由此辗转谐音而来。

不过，以上四种解释都没有确凿的文献支持，都是个人的臆测之辞，虽可聊备一说，但不能作为定论。

最具有说服力的解释，源于元明两代国子监的监规。国子监是最高学府。《大明会典》记载，洪武二十年（1387）制定的监规中有一条："每班给与出恭入敬牌一面，责令各班直日生员掌管，凡遇出入，务要有牌，若无牌擅离本班，及敢有藏匿牌面者，痛决。""出恭入敬牌"是为了管理生员出入，上厕所当然是最重要的"出"的理由，于是生员们就把上厕所戏称为"出恭"。南北朝学者何胤说："在貌为恭，在心为敬。"貌是外貌，因此出则貌恭；心是内心，因此入则心敬。此之谓"出恭入敬牌"的本义。

虽然元代典籍中没有"出恭入敬牌"的记载，但是元杂剧中已经有了"出恭"的说法，比如关汉卿《钱大尹智勘绯衣梦》第三折："俺这里茶迎三岛客，汤送五湖宾。喝上七八盏，敢情去出恭。"郑光祖《虎牢关三战吕布》第三折："你可不曾见那厮杀，两匹马滚在一处，我要下马出恭，百忙里拴了个关门镫绊住脚，急的我要不的。"可见在元代"出恭"一词已经成为民间的通用语了。

《新镌陈眉公先生批评春秋列国志传》插图『范雎脱厕报仇』，明代余邵鱼撰，陈眉公批评，万历四十三年（一六一五）姑苏龚绍山刊本。

陈眉公即陈继儒（1558—1639），明代文学家和书画家。此本《春秋列国志传》共分十二卷，插图存六十幅，版画较《新刻京木春秋五霸七雄全像列国志传》闽书林杨美生刊本精美许多。

这幅描绘的是范雎脱厕报仇的故事。范雎是魏国人，欲事魏王，不受重用，随魏中大夫须贾使齐，齐王赐范雎金十斤及牛、酒，范雎辞谢不敢受。须贾怒，回国后告魏相。魏相使舍人鞭打范雎，打得他肋骨断、牙齿落。范雎装死，舍人于是用席子将他裹了丢在厕所里。宾客饮者醉，轮流朝他便溺。可以说折辱备至。范雎忍辱贿赂守者脱身，逃入秦国，改名张禄，位至秦相。

魏国派须贾使秦，入秦相府，须贾方知张禄即为范雎，便敞开上衣光着膀子，用膝盖跪行谢罪。范雎数其罪过："……当魏齐辱我于厕中，公不止，罪二也。更醉而溺我，公其何忍乎？罪三矣。"不过终究饶其性命。须贾回国前向范雎辞行，范雎于堂上宴请所有诸侯国使节，独令须贾坐于堂下，置莝豆其前，令两黥徒夹而马食之。"莝（cuò）"是铡碎的草，与豆类混合在一起作为马的饲料，称"莝豆"；"黥（qíng）"是脸上刺字涂墨之刑。画面上表现的正是两个受过黥刑的大汉像喂马一样给须贾喂草吃的这一幕。不过堂下食马料毕竟比厕中之辱温和多了。

先烈
本来指祖先的功业

在近代革命话语兴起之前，“烈士”和“先烈”从来就不具备死难者的含义。

《韩非子·诡使》中议论道：“官爵所以劝民也，而好名义、不进仕者，世谓之烈士。”爱惜名誉，追求大义而又不求仕进，不会为了做官就牺牲名誉和大义，这样的人才能称为“烈士”。曹操《龟虽寿》一诗吟出了“老骥伏枥，志在千里；烈士暮年，壮心不已”的千古名句。他将“烈士暮年”和“老骥”并举：千里马虽然老了，伏在马槽里，但是仍然渴望一日驰骋千里；烈士虽然到了晚年，但是仍然像千里马一样壮心不已。这里的“烈士”都是指活着的人。

“先烈”一词则出自《尚书·冏命》：“惟予一人无良，实赖左右前后有位之士，匡其不及，绳愆纠谬，格其非心，俾克绍先烈。”愆（qiān），罪过，过失；俾（bǐ），使；克绍，能够继承。

周穆王任命伯冏为太仆正之官，对他说：我担心自己管理不好国政，要有赖于像伯冏你这样的居官之人，匡正我做不到的，纠正我做错的，改正我不正确的思想，使我能够继承先王的功业。

《说文解字》：“烈，火猛也。”这是“烈”的本义。由火势猛烈引申为光明、显赫，再引申为所建立的显赫功业。《尚书·伊训》载：“伊尹乃明言烈祖之成德，以训于王。”此处的“王”指商王太甲，《伊训》是四朝元老伊尹对太甲的训诫之辞。“烈祖”，孔颖达解释说：“‘烈’训‘业’也。

汤有定天下之功业，为商家一代之大祖，故以‘烈祖’称焉。”这是称扬商汤开国的显赫功业。

进入现代社会之后，祖先崇拜早已式微，人们也已经不懂得“烈祖”的含义，遂以“列”代“烈”，用“列祖列宗”泛泛而称自己的历代祖先。

清末革命风潮勃兴，为推翻清室而牺牲的志士层出不穷，人们于是将“烈士”和“先烈”的外延扩大，用来称呼为正义事业而献身的殉难者。比如孙中山先生就在《黄花冈七十二烈士事略》的序中称死难的革命党人为“诸先烈”，并总结“先烈之牺牲精神”，“烈士”和“先烈”的称谓遂渐渐失去了原意。

马和之，钱塘（今浙江杭州）人，生卒年不详，南宋画家，官至工部侍郎。擅画人物、佛像、山水，为御前画院十人之首。自创柳叶描，行笔飘逸，着色轻淡，人称“小吴生”。宋高宗和宋孝宗曾书《毛诗》三百篇，命马和之每篇画一图，汇成巨帙。画作笔墨沉稳，结构严谨，笔法清润，景致幽深。该系列摹本众多，存世至今约十六卷，风格、水平不一，散藏于几大博物馆。此卷为传马画、赵书《诗经》系列图之一，描绘《诗经·周颂·清庙之什》十篇诗意，右书左图，各幅相间，共十段。

这幅对应的是《烈文》一诗：“烈文辟公，锡兹祉福。惠我无疆，子孙保之。无封靡于尔邦，维王其崇之。念兹戎功，继序其皇之。无竞维人，四方其训之。不显维德，

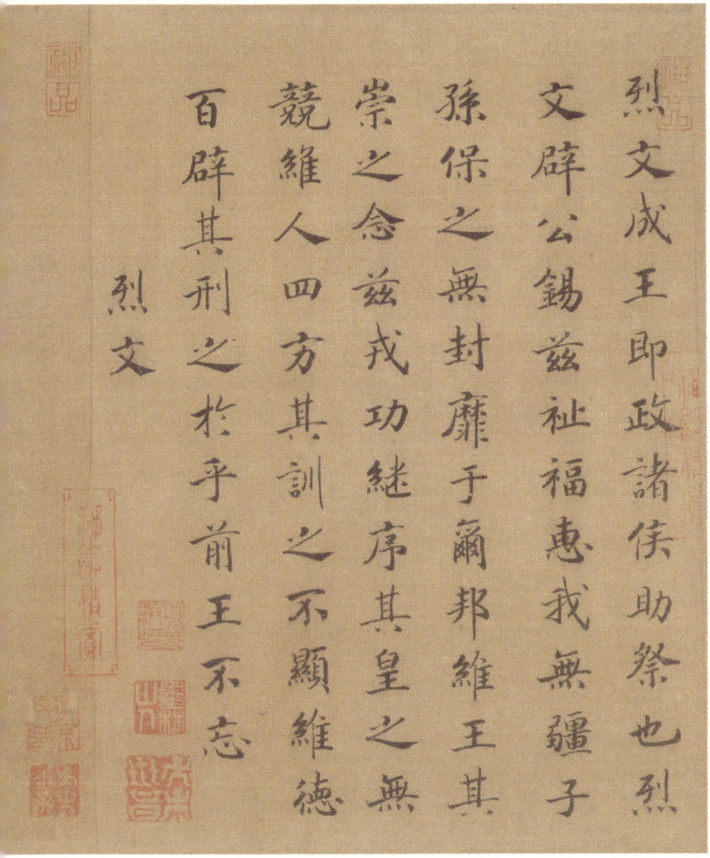

《诗经·周颂·清庙之什图》『烈文』，传南宋马和之绘，赵构书，绢本设色长卷，辽宁省博物馆藏。

百辟其刑之。於乎，前王不忘！”周武王灭纣之后，助战有功的诸侯受到分封，并享有在周王室祭祀先王时助祭的殊荣。《毛诗序》曰：“《烈文》，成王即政，诸侯助祭也。”“即政”指周公还政于成王，成王正式掌权之时。诗中先赞扬诸侯的烈烈功勋，再委婉训诫诸侯不要忘记先王之德，既安抚了诸侯，又宣示了君王的威权。

宇宙
本来指屋檐和栋梁

今天使用的“宇宙”一词，是指包括一切天体在内的无限空间，这个含义是近代才赋予的。而在古代中国，这个词所表示的范围非常狭小，甚至狭小到了令人吃惊的程度。不过即使如此，这个词也包含着今天这个义项的因子。

《说文解字》：“宇，屋边也。”《周易·系辞下》中说：“上古穴居而野处，后世圣人易之以宫室，上栋下宇，以待风雨。”“栋”是屋的正梁；“宇”是屋的四垂，即屋檐。《诗经·国风·七月》中吟咏蟋蟀的名句“七月在野，八月在宇，九月在户，十月蟋蟀入我床下”，也是“宇”为檐下之证。

《说文解字》：“宙，舟舆所极覆也。”宙是舟车所能够到达的极限地。许慎所说为引申义，本义应为栋梁。《淮南子·览冥训》中说：“凤凰之翔至德也，雷霆不作，风雨不兴，川谷不澹，草木不摇，而燕雀佼之，以为不能与之争于宇宙之间。”高诱注解说：“宇，屋檐也；宙，栋梁也。”燕雀不能理解凤凰志在高远，以为自己比凤凰还要矫健，以为凤凰不能跟自己争胜于屋檐和栋梁之间。这里用的就是“宇宙”的本义。

将屋檐和栋梁的范围加以扩大，即如高诱所言：“四方上下曰宇，古往今来曰宙，以喻天地。”同样的意思，庄子说得更加有趣：“有实而无乎处者，宇也；有长而无本剽者，宙也。”“剽（biǎo）”指末梢。意思是说：有具体的形体却看不到确切的处所，这是“宇”；有成长却看不到成长的始末，这是“宙”。如此一来，“宇宙”一词就具备了空间和时间的因素，已经跟今

《碧山绀宇图》，南宋赵伯骕绘，绢本设色，北京故宫博物院藏。

赵伯骕（1124—1182），字希远，汴京（今河南开封）人，宋宗室，与其兄赵伯驹同为南宋山水画家代表。赵氏兄弟的绘画广涉山水人物，多具有仙道意味，尤以青绿山水最为擅长，对后世影响深远。明人董其昌《画禅室随笔》曰："赵伯驹、伯骕，精工之极，又有士气。"认为其工可学，而其雅难及。

此幅出自《宋名流集藻册》。该册共十二帧，为北宋、南宋十二位画家的代表作，册页对幅皆有乾隆帝题诗一首。此图对幅题："伯氏驰千里，仲犹希远称。二难踪已绝，一幅迹看仍。笠宇剧谈客，莲宫入定僧。其间劳与逸，问孰辨淄渑。"图名中的"绀（gàn）"是指深青透红之色，"绀宇"为佛寺之别称。"淄渑（zī miǎn）"指同在山东的淄水和渑水，二水味道不同，混合在一起则难以辨别，用来比喻性质截然不同的两种事物。淡远的青绿山水之间，有亭如笠。四人席坐亭中，似在谈玄论道。山间瀑布如练，山腰殿宇微露，应为寺庙所在。尺幅之间，颇饶深远空阔之意。

天使用的义项非常接近了。

在古代中国，“宇宙”还代指天下、国家。南朝文学家沈约《游沈道士馆》诗曰：“秦皇御宇宙，汉帝恢武功。”这是由“中国中心论”延伸而来的观点。

周旋
原来就是中规中矩的礼仪

出门做客时，中国的父母常常会要求自己的孩子讲规矩，言谈举止要中规中矩。到底什么是“中规中矩”的标准，其实人们也并不清楚，无非是要有礼貌地称呼长辈，在别人家里不要到处跑动，诸如此类非常宽泛的规定。不过在古代中国，“中规中矩”之礼可是非常具体的，这种礼仪就被称作“周旋”或“周还”。

《礼记·内则》中对子女、媳妇与父母、公婆相处有这样的规定：“在父母、舅姑之所，有命之，应唯敬对，进退、周旋慎齐。”在父母和公婆的住所，如果他们有事召唤，要先答应“唯”，然后再恭敬地应对，进退和周旋都要态度端庄。

那么，到底怎样才算作“周旋”呢？再来看《礼记·玉藻》中的记载：“古之君子必佩玉，右徵、角，左宫、羽，趋以《采齐》，行以《肆夏》，周还中规，折还中矩，进则揖之，退则扬之，然后玉锵鸣也。”

宫、商、角（jué）、徵（zhǐ）、羽是古代音乐中的五声音阶。君子所佩的玉，右边的玉声要合于徵、角，左边的玉声要合于宫、羽。这是因为徵、角属于劳作之音，而右边属于动作之方，故须相合；宫、羽则属于闲逸之音，而左边属于无事之方，故须相合。

《采齐》是《诗经》中的诗篇，这是说，在大门外低头弯腰、小步快走时的节拍要与《采齐》相应；《肆夏》是乐章之名，登堂而上时的节拍要与《肆夏》相应。

“周还中规”，郑玄注解说：“反行也，宜圜。”孔颖达进一步解释说：“反行谓到行，反而行，假令从北向南，或从南向北。”“周还”即“周旋”，“反行”指反转身而行，向后反转身走的路线应该是像圆规一样的圆形。

“折还中矩”，郑玄注解说：“曲行也，宜方。”孔颖达进一步解释说：“曲行，谓屈曲而行，假令从北向南行，曲折而东向西向也。”“曲行”指拐弯，拐弯时走的路线应该是像矩尺一样的方形。这两种行走的礼仪被后人合并为“周规折矩”这一成语。

“进则揖之，退则扬之”，即前进的时候身体要稍微向前俯，后退的时候身体要稍微向后仰。“然后玉锵鸣也”，孔颖达注解说：“若进俯、退仰，则然后佩离身而直行摇动，佩自击，所以玉声得锵锵而鸣也。”也就是说，只有按照这样的步法行走，身上的佩玉才会随着节奏自行碰击，发出动听的锵锵鸣声。

以上就是“周旋”时到底怎样才算是“中规中矩”的具体礼仪，“周旋”一词因此引申为战争时的追逐和日常交际中的应酬之意。

不仅如此，周旋之后的站姿也有具体的礼仪规定。《礼记·曲礼下》载：“立则磬折垂佩。”“磬（qìng）”是一种石制或玉制的乐器，悬挂在架上，击之而鸣，形状像矩，因此用“磬折”一词来形容站立时弯曲身体如磬，表示恭敬。弯曲身体的时候，两旁的佩玉自然而然就向前垂，悬于身前，此之谓“磬折垂佩”。古人的礼仪繁复至此，真令人叹为观止！

《前代君臣故事图》「郦食其见沛公」，清代佚名绘，纸本水墨长卷，美国弗利尔美术馆藏。

此卷旧传为宋代李公麟所绘，实为后人托名之作。图绘六则前代君臣之间的故事，辽宁省博物馆亦藏有一卷，较此卷更完整。此卷虽有遗失，不过笔法细腻精巧，章法严谨紧凑，虽未达宋人境地，亦为优秀白描作品。

此幅为第一则故事，描绘了汉高祖刘邦与谋士郦食其（yì jī）会面的情景。故事出自《史记·高祖本纪》。刘邦过高阳，住在旅舍，郦食其得知他抱负远大，乃求见。当时刘邦正踞坐床上，令两个侍女帮他洗脚。郦食其不拜，长揖曰："足下必欲诛无道秦，不宜踞见长者。"于是沛公起，摄衣谢之，请他上座。李白曾将这段逸事写入《梁父吟》："君不见高阳酒徒起草中，长揖山东隆准公。入门不拜骋雄辩，两女辍洗来趋风。东下齐城七十二，指挥楚汉如旋蓬。狂客落魄尚如此，何况壮士当群雄。""高阳酒徒"即郦食其。

画面上刘邦踞坐濯足，十分无礼。郦食其挺身直立，唯举双手长揖，衣带飘洒，姿态傲岸，与"磬折垂佩"的谦恭无半点相干。刘邦平生最不喜儒生，想来也不会欣赏进退周旋的儒家礼仪吧。

推杯换盏
原来是古代饮酒的礼仪

各类成语辞典中都没有收录“推杯换盏”这个汉语词，但它却是一个使用频率极高的日常生活用语，同“觥筹交错”一样，也是用来形容酒宴上的热烈气氛。人们喝酒喝到兴头上的情景，常常就用“推杯换盏”来加以描绘，互相敬酒，推心置腹，这一幕，相信爱喝酒的人都经历过。

那么，到底何谓“推杯”，何谓“换盏”？如果说“推杯”还能够被人理解的话，“换盏”就让人莫名其妙了，难道敬酒的双方还要互换酒杯不成？其实，“推杯换盏”这种对酒宴行为的描述，早已失却了原意，不过是对古代饮酒礼仪的象征性总结而已。

先说“推杯”。“推杯”不是将杯子推来推去，“推”是进奉、揖让的意思。《仪礼·乡饮酒礼》是记载古人饮酒礼仪最为详尽的篇章，其中描述了在宾主相见的一系列烦琐礼节之后，开始饮酒时主人和宾客互相敬酒的过程：

“主人坐取爵，实之宾之席前，西北面献宾。”主人坐下，拿起酒爵，斟满酒，到宾的席前，面朝西北将这杯酒敬献给宾。之所以面朝西北，是因为宾要站在西阶的上方。主人向宾客敬酒叫“献”。

“宾实爵主人之席前，东南面酢主人。”宾斟满酒，到主人的席前，面朝东南将这杯酒还礼敬献给主人。主人“献宾”之后，宾要向主人还礼，这叫“酢（zuò）”。

“主人实觯酬宾。”“觯（zhì）”是饮酒器。主人斟满酒，先自饮，然后劝宾饮。之所以先自饮，是表示自己的忠信之意，生怕宾不饮，我先饮。

宾“酢主人”之后，主人先自饮，然后再劝宾饮，这叫“酬”。

从“献”到“酢”再到“酬”，合称为“一献之礼”，也称“初献”，而周天子朝聘上公之礼竟达到“九献”之多！在这个过程中，主人向宾进奉美酒，宾向主人还礼，互相揖让，此之谓“推杯”，同时，这个过程也是“酬酢”和“应酬”这两个词的来历，引申为交际往来、应对之意。

将一杯酒喝进口中的程序之所以如此烦琐，《礼记·乐记》中说得非常清楚：“先王因为酒礼，一献之礼，宾主百拜，终日饮酒而不得醉焉，此先王所以备酒祸也。”进一次酒，宾主之间的揖让竟然可达百次之多，用意就在于延长喝一杯酒的时间，这样的话，即使终日饮酒也不会喝醉，也就避免了“酒祸”。

再说“换盏”。“换盏”不是指互相敬酒的人互换酒杯，而是指“洗爵”，清洗酒器，使之洁净。《仪礼·乡饮酒礼》载，宾主相见、答拜之后，“主人坐取爵于篚，降洗”。“篚（fěi）”是圆形的盛物竹器。主人坐下，从篚中取出酒爵，下堂洗爵。

“主人坐取爵，兴，适洗，南面坐，奠爵于篚下，盥洗。”宾辞让之后，主人坐下，拿起酒爵，站起身，到盛水的器皿跟前，面朝南坐下，把酒爵放置在篚下，然后盥手洗爵。这时，宾要辞谢。

洗爵完毕，主人把洗干净的酒爵放在篚中，揖让一番之后，再从篚中取出干净的酒爵“献宾”。宾饮尽之后，也要下堂洗爵，一切礼仪比同主人，然后再从篚中取出干净的酒爵“酢主人”。主人“酬宾”的程序也一样。此后每一次饮酒完毕都要清洗酒器，因为每次使用的都是洗干净之后的酒器，故称“换”。

而所谓“推杯换盏”，最初“推”的和“换”的当然都是最古老的爵、觯等酒器，“杯”和“盏”是后起字，乃是后世最常用的饮酒之器，于是后人就将献、酢、酬的礼仪精练地总结为“推杯”，将洗爵的程序精练地总结为“换盏”，此之谓“推杯换盏”。今人早已不知古礼，妄自臆测，甚至有人解释为升官之后以盏换杯，因此以“推杯换盏”借指升官，真乃无知者无畏，让人笑掉大牙！

《古贤诗意图》之『东山宴饮』，明代杜堇绘，纸本墨笔长卷，北京故宫博物院藏。

杜堇，明代著名画家，字惧男，号柽居、古狂、青霞亭长等，丹徒（今江苏镇江）人，生卒年不详，活动于十五世纪至十六世纪初。成化中试进士不第，遂绝意进取。工诗文，善绘事，以人物画著称，精白描法。《古贤诗意图》卷由明代金琮书唐宋名家诗十二首，杜堇按诗意绘图九幅。图皆墨笔白描，构图简洁，意境清幽，人物生动，墨色淡雅，笔法细劲透逸，小景穿插有致，得诗意要旨。

这幅画的是杜甫《陪王侍御同登东山最高顶 宴姚通泉 晚携酒泛江》诗意。此诗是杜甫流寓梓州时所作。王侍御自京中来通泉县，姚县令政务多暇，陪其到处游玩。王侍御便于东山设宴答谢姚县令，杜甫作陪。“东山高顶罗珍羞，下顾城郭销我忧。”欢宴一直持续到日落时分，主客依然豪兴不浅，“清江白日落欲尽，复携美人登彩舟”，继续泛舟行乐。画面以树石景物分为两部分，图右是山顶宴饮场面，图左微露船头一角，暗示宴后游江。宴饮场面仅画一桌、主人客人及陪客三人、一侍酒童子，而宾主酬酢、推杯换盏之态毕现。

遇人不淑
只能出自已婚女性之口

“遇人不淑”是一个口头语，日常生活中使用的频率很高，不过有些男人也会感叹自己“遇人不淑”，没有遇到合适的淑女。这真是天大的误会！“遇人不淑”只能出自女性之口，而且还必须是已婚女性，只有她们才能叹息“遇人不淑”，误嫁给了一个不好的丈夫。

“遇人不淑”一词出自《诗经·国风·中谷有蓷》，全诗为：“中谷有蓷，暵其干矣。有女仳离，嘅其叹矣。嘅其叹矣，遇人之艰难矣。中谷有蓷，暵其修矣。有女仳离，条其歗矣。条其歗矣，遇人之不淑矣。中谷有蓷，暵其湿矣。有女仳离，啜其泣矣。啜其泣矣，何嗟及矣。”

蓷（tuī），益母草；暵（hàn），晾晒；仳（pǐ）离，特指妇女被遗弃而离去；“嘅”通“慨”，叹息；修，干肉，形容其干；“歗”通“啸”，号呼哀痛的声音。

这是一首妇人自叹误嫁恶夫而遭到遗弃的怨诗。中国台湾学者马持盈先生在《诗经今注今译》中的白话译文如下：“谷中的蓷，因为缺乏雨水而干燥了。有个女子，因为被丈夫遗弃，而感慨的叹息。叹息什么呢？叹息着嫁一个合适的丈夫实在是太不容易了！谷中的蓷，因为缺乏雨水而干缩了。有个女子，因为被丈夫遗弃，而失意的长叹！长叹什么呢？长叹着嫁了一个这样无情无义的男人！谷中的蓷，因为缺乏雨水而干枯了。有个女子，因为被丈夫遗弃，而丧气的哭泣！哭泣有什么用处呢？哭泣也来不及了。”

《百美新咏图传》七十三『朱淑真』，清代颜希源编，王翙绘，集腋轩藏版，乾隆五十七年（一七九二）刊本。

《百美新咏图传》收录历代名媛佳丽小传百篇，配以图百幅及文人咏词二百余首，集图像、传记、诗词、书法于一体。原画出自当时宫廷著名画师王翙（huì）之手，人物篆刻清晰隽雅，栩栩如生，是中国版画史上的一颗明珠。

王翙，字钵池，寿春（今安徽寿县）人，乾隆、嘉庆年间画家，绘山水、草木、鸟兽、昆虫无不酷肖，尤精人物。

朱淑真（约1135—约1180），号幽栖居士，南宋女诗人，与李清照齐名，是唐宋以来留存作品最多的女作家之一。浙江海宁人，一说钱塘（今浙江杭州）人。生于仕宦之家，幼警慧，工诗画，通音律，尝随父宦游吴、越、荆、楚间。生平多不可考，相传因嫁给一文法小吏，夫妻志趣不合，婚姻生活很不如意，最终抑郁早逝。又传她过世后，父母将其生前文稿付之一炬，流传下来的作品被后人辑为《断肠集》《断肠词》，多幽怨感伤之作。遇人不淑，婚姻不幸，即便在今天，对女性来说也是艰难困境，何况没有其他出路的古代弱女子。

郑玄注解说："淑，善也。君子于己不善也。"也就是说，"淑"是善良之意，"遇人不淑"即指误嫁了不善的丈夫。这就是"遇人不淑"的原始出处，这个词并非可以用在任何人头上，并非可以用在任何场合。

琵琶别抱
为何比喻妇女改嫁？

“琵琶别抱”是一个非常古雅的词，比喻妇女改嫁。各种辞典都把这个词的词源归于白居易著名的《琵琶行》一诗：“门前冷落鞍马稀，老大嫁作商人妇。”“千呼万唤始出来，犹抱琵琶半遮面。”但是白居易并没有点明琵琶女改嫁一事，“犹抱琵琶”也根本没有“别抱”的含义在内。那么，“琵琶别抱”的词源到底是什么呢？

原来，比喻妇女改嫁或者说再婚并不是“琵琶别抱”一词的原意，“琵琶别抱”的原意非常刻薄，那是讥刺变节之徒的幽愤之语。

宋元间学者刘埙（xūn）著有《隐居通议》一书，其中收录了龙仁夫的一首诗。龙仁夫，号麟洲，是由宋入元的一代名儒。这首诗的题目叫《题琵琶亭》：“老大蛾眉负所天，尚留余韵入哀弦。江心正好看明月，却抱琵琶过别船。”“所天”，所依靠的人，此处指丈夫。此诗诗意甚明，是说弹琵琶的“蛾眉”失去了丈夫，琵琶声中尚有余哀，江心明月正好，该“蛾眉”却抱着琵琶到了别的船上，继续弹奏去了。

此诗表面上是讥刺琵琶女转眼就忘记了丈夫，但其实是有本事的。《隐居通议》记载了这段本事：“诸吕家于江州，仕宋累朝，穷富极贵。及北兵至，自文焕而下，相率纳款，无一人抗节报国。”

“诸吕”指南宋大将吕文焕家族。宋元交战，吕文焕守襄阳，相持五年，兵尽粮绝，吕文焕降元，历任高官。宋亡后，有一次龙仁夫随同别人谒见吕文焕。酒酣，命赋诗，龙仁夫感慨于诸吕“无一人抗节报国”，因作此诗，吕文焕“纳贿请改赋，既而好事者流传”。还有一说，有人将龙仁夫此诗题于琵琶亭之上，吕文焕“见之挥泪”，也是触动了愧疚之心。

论者评此诗“语意深婉，信佳句也”。婉而多讽，正是此诗特色。龙仁夫本用“却抱琵琶过别船”委婉地讥刺吕文焕改奉新朝，但是随着时间的流逝，龙仁夫的讥讽之义渐不为人所知，本义反而凸显出来，并定型为“琵琶别抱”这一成语，比喻妇女改嫁。清代学者纪晓岚在《阅微草堂笔记·滦阳消夏录二》中记载了一位游士，病死前对所纳的妾说：“吾无家，汝无归；吾无亲属，汝无依；吾以笔墨为活，吾死汝琵琶别抱，势也，亦理也。”正是用的此意。

《琵琶美人图》，明代吴伟绘，纸本水墨，美国印第安纳波利斯美术馆藏。

吴伟（1459—1508），明代著名画家，字次翁，又字士英、鲁夫，号小仙，江夏（今湖北武汉）人。弱冠至金陵，任职画院待诏，明孝宗时授锦衣卫百户并赐“画状元”之章，以山水人物画闻名于当时。王世贞说他画人物“出自吴道子，纵笔不甚经意，而奇逸潇洒动人”。白描手法不囿于法度，线条纵意驰骋，墨色随线条节奏浓淡变化不拘，十分出色。

此幅描绘了一位抱琵琶的侧身仕女，低鬟垂眸，举步欲行，神情幽怨。琵琶在锦囊中，她双手抱持的姿势似有一腔幽情暗恨藏于其内，无人可诉，只好隐忍低回。作者以白描勾勒，淡墨点染，流畅秀润，风神俊爽。衣饰线条转折处似急管繁弦，飘逸处似行云流水。她是白居易《琵琶行》里的浔阳妓，还是吴伟流连青楼时遇到的风尘歌女？“青衫红袖曾相识，不听琵琶亦可怜。”

敦伦
为何是房事的隐语？

“敦伦”是一个非常古雅的词，但是在书面语甚至人们的日常口语中，这个词竟然成了夫妻之间发生性关系的隐语，而且人们还言之凿凿地把发明权归于辅佐周武王灭商的周公，因此“行周公之礼”也就成了行房事的隐语。

有一个流传甚广的说法，说是西周初年，周公制礼，把男女从说亲到成婚分为七个环节，合称“婚义七礼”，分别是：纳采，问名，纳吉，纳征，请期，亲迎，敦伦。前六个环节易于演示，唯独“敦伦”无法亲身演示给百姓看。于是周公就剖开一只葫芦，分指男女，然后“敦夫妇之伦”，将葫芦重新合为一体，取其男俯女仰之态，以示“敦伦”之道。

但古代婚礼只有“六礼”，并没有所谓“婚义七礼”一说。“六礼”具体释义为：纳采，男方向女方送求婚礼物；问名，男方托媒人请问女方的名字和生辰，女方回复；纳吉，男方占卜得到吉兆后，备好礼物通知女方，决定缔结婚姻；纳征，择日将备好的聘礼送到女家，民间俗称过定，意思是正式订婚了；请期，男方行聘之后，卜得吉日，请媒人告知女家成婚日期；亲迎，女婿亲自到女家去接新娘来拜堂成亲。

由此“六礼”可以看出，成婚的所有六道程序全都止于闺房之外，因此不可能有“敦伦”这一道私密的程序。所谓周公之教，不过是民间传说或者小说家言而已，盖因周礼乃周公所制，才附会到周公头上。

“敦伦”的本义是敦睦人伦，“父子有亲，君臣有义，夫妇有别，长幼有序，朋友有信”，这就叫人伦；而夫妇是人伦非常重要的一个方面，直接决定着人类的繁衍，因此民间就把“敦伦”作为夫妻之间性关系的隐语，和“行周公之礼”一样，同时含有庄重和戏谑的意味在内。

至迟到明代，“敦伦”一词已经具备了这个义项。明代学者于慎行在为《颜氏家训》写的《后叙》中说：“夫其言阃以内，原本忠义，章叙内则，是敦伦之矩也。”阃（kǔn），闺门，妇女所居的地方；内言不出于阃，夫妻之间的事情不出于闺门；内则，妇女在家庭内必须遵守的规范和准则。于慎行把夫妻房事甚至上升到了忠义和内则的高度，这就叫“敦伦之矩”。

清初学者李塨（gōng），字刚主，喜欢写日记，无论大小事一律著录。袁枚在《答杨笠湖书》中嘲笑他：“李刚主自负不欺之学，日记云：‘昨夜与老妻敦伦一次。’至今传为笑谈。”

《西厢记版画》第十三幅，明崇祯十三年（一六四〇）闵齐伋六色套印本，德国科隆东方艺术博物馆藏。

闵齐伋（1580—1662？），字及武，号遇五，又作寓五。明末浙江湖州府乌程县（今湖州）诸生。善读书，不乐仕途，一生以著述刻书为业，以多色套印名世，与同邑凌濛初所刻套印本合称“闵凌刻本”。

此套《西厢记版画》由闵齐伋于崇祯十三年主持刊印，又称“寓五本”，为《会真六幻》丛书中的一种，共含二十一幅六色套印版画。卷首图为莺莺像，其余二十幅与《西厢记》正文曲词二十出一一对应。此套版画融入了走马灯、景德瓷、提线木偶等元素，构思奇特，技法纯熟，是明代版画的巅峰之作。

此为第十三幅“月下佳期”，画崔莺莺得知张生抱病西厢，携红娘飘然而至，与张生欢会。三面围屏，床帐低垂，牙床上只露出凌乱锦被一角，暗示出一宵欢爱。红娘、琴童于屏外静听守候。崔张偷情，实不合“周公之礼”。莺莺之来，乃“着一片志诚心盖抹了漫天谎”。敦伦已毕，莺莺向张生道：“妾千金之躯，一旦托于足下。勿以他日见弃，使妾有白头之叹。”张生随口答应，却只惦记着“何时重解香罗带”，让她“破工夫明夜早些来”，完全不考虑如何设法明媒正娶，令人为莺莺的命运忧心。

苐十三

走街串巷

小丑
原来指微贱之辈

今天的“小丑”一词只用来比喻那些丑恶之徒，比如“鬼鬼祟祟的小丑”之类的用法。但是在明清之前，这个词绝无此义；而明清时期，这个词又只用来称呼戏曲中的丑角。“小丑”作为骂人话，不过是从丑角形象演化而来的。

《国语·周语》中记载了一个故事：“恭王游于泾上，密康公从，有三女奔之。其母曰：‘必致之于王。夫兽三为群，人三为众，女三为粲。王田不取群，公行下众，王御不参一族。夫粲，美之物也。众以美物归女，而何德以堪之？王犹不堪，况尔小丑乎？小丑备物，终必亡。’康公不献。一年，王灭密。”

周恭王到泾水边游玩，密康公随行，有三个同姓的女子私奔而来。密康公的母亲对他说：“你一定要把她们献给周恭王。三只野兽成群，三个人成众，三位女子成粲。天子打猎的时候，不尽取群兽，诸侯对众人行事要谦下，天子娶妃嫔要选三个不同姓的女子。粲是美好的事物，众人把美好的事物献给你，你有何德可以承受呢？天子尚且不能承受，更何况你这个小丑呢？小丑德小而兼备众物，最终一定会灭亡。”

密康公哪里舍得将三位美女献给周恭王？结果一年后周恭王就灭了密国，应验了他母亲的预言。

“小丑”，三国时期学者韦昭解释说：“丑，类也。王者至尊，犹且不堪，况尔小人之类乎？”原来，这里的“丑”是“类”的意思，“小丑”即小人之类，微贱之辈。

《礼记·学记》中说："古之学者，比物丑类。"唐代学者孔颖达解释说："言古之学者，比方其事以丑类，谓以同类之事相比方，则事学乃易成。"意思是说：古时候的学者，善于从事物的类比之中，概括出某一起决定作用的道理。那么"丑类"也不同于今日对坏人的蔑称，而是指以同类之事相比。

《后汉书·盖勋传》载："董卓废少帝，杀何太后，勋与书曰：'昔伊尹、霍光权以立功，犹可寒心，足下小丑，何以终此？'"《文苑列传》载，黄香被任命为东郡太守，他上疏辞让，其中自称"臣香小丑"。这些用例都是指微贱之辈，并非贬义词。

明清时期，扮演滑稽角色的喜剧人物被称作"小丑"，就是从微贱的小人引申而来。京剧中也把丑角称作"小花脸"，属于插科打诨、狡猾奸诈的小人物。于是"小丑"的称谓就被移用来比喻丑恶之徒，从此失去了原意。

《东海道五十三次之内　府中　喜多八》，歌川国贞绘，一八五二年。

这是一幅“役者绘”，即描绘歌舞伎演员之作，同时也糅合了“名所绘”（风景画）的形式。画上的“喜多八”由初代市川广五郎扮演。喜多八这个人物出自当时流行的滑稽本《东海道中膝栗毛》，作者为十返舍一九。膝栗毛者，以脚当马，即徒步旅行。此作讲述江户神田没落商户之子弥次郎兵卫和同伴流浪汉喜多八经由东海道前往伊势神宫及京都、大阪等城的旅途中发生的滑稽笑谈，曾深得周作人喜爱。这对有名的滑稽角色合称为“弥次喜多”。

府中是东海道上的一个宿场（驿站）。弥次、喜多二人路过府中时闹了很多笑话。画面背景是安倍川，当时河上没有桥梁，渡河的旅人要么牵着手涉水而过，要么付钱给河工，让他们帮忙背到对岸。两人过河时被河工戏弄，他们故意从深水区经过。喜多八背着行李、系着围巾的形象看起来十分可笑，这是类似小丑的角色。

三八
为什么是骂人话？

作为詈词或曰骂人话，“三八”最初盛行于中国台湾，专用于骂女人，而且含义非常丰富，诸如疯疯癫癫、举止轻浮、傻里傻气、行事乖张、动作莽撞，等等，凡是此种类型的女人都可称作“三八”，更甚者还在前面加上一个“臭”字，“臭三八”，语感更重。这个使用频率极高的日常俗语是怎么来的呢？相信很多人都不清楚。

因为盛行于台湾地区，于是人们多以为这个詈词出自粤语或者闽南语，这是一个误解。“三八”的称谓实出自中原官话，而且其来历十分有趣。

北宋学者沈括在《梦溪笔谈·艺文》中记载了这个有趣的故事：“蜀人魏野，隐居不仕宦，善为诗，以诗著名……所居颇萧洒，当世显人多与之游，寇忠愍尤爱之。尝有《赠忠愍诗》云：‘好向上天辞富贵，却来平地作神仙。’后忠愍镇北都，召野置门下。北都有妓女，美色而举止生梗，土人谓之‘生张八’。因府会，忠愍令乞诗于野，野赠之诗曰：‘君为北道生张八，我是西州熟魏三。莫怪樽前无笑语，半生半熟未相谙。’”

寇准死后，谥号“忠愍（mǐn）”，因此沈括称他“寇忠愍”。魏野则是诗人，初居蜀地，后迁居中原地区的陕州，一生隐居，与寇准相善，曾有诗劝寇准“好向上天辞富贵，却来平地作神仙”。

寇准镇守北都大名府的时候，将魏野召至门下。这一日府会，寇准叫来一位著名妓女助兴。大名府的这位妓女，当地的土人称之为“生张八”，“生”即为“举止生梗”之意，“张”则是她的姓，“八”乃她的排行。“生梗”

的含义极为丰富，不自然、不熟练、不柔和、不细致、不顺服等，都可称“生梗”，与上文所举“三八”的含义颇有异曲同工之处。

而魏野诗中所说“君为北道生张八”，“北道”即指大名府，是北宋抵御辽国的“北门锁钥”；“我是西州熟魏三”，“西州”即指魏野隐居的陕州，陕西地区古称“西州”。魏野自称“熟魏三”，“熟”是对应“生”的戏谑之语，“魏”当然是他的姓，“三”则是魏野的排行。

在宴席之上，魏野面对人称“生张八”的妓女，诙谐地自称“熟魏三”，又说二人“半生半熟未相谙”。这次宴会和魏野的这四句诗可不得了，从中竟然诞生了直到今天还在使用的两句俗语：一句即为“三八”，本来是“魏三”和“张八”的省称，因为针对的是“举止生梗”的“张八”，后人于是用“三八”一词来诟骂“举止生梗”的女人；另一句则是“生张熟魏”，“生张”当然陌生，“熟魏”当然熟悉，后人因此用这个成语泛指认识或不认识的人。

这就是“三八”一词的来历。随着宋室南渡，这句俗语传入了江南地区，再传至台湾，成为台湾流行的詈词，在中原地区反而湮没无闻了。后来大陆也开始流行这个詈词，却是经由台湾辗转传回来的，这一语言现象真是有趣！人们但知台湾“三八”，而浑然不知中原“三八”了！

寇准的这个知己魏野还有一则与妓女有关的趣事。北宋人吴处厚所著《青箱杂记》中的版本是这样的：“世传魏野尝从莱公游陕府僧舍，各有留题。后复同游，见莱公之诗已用碧纱笼护，而野诗独否，尘昏满壁。时有从行官妓颇慧黠，即以袂就拂之。野徐曰：‘若得常将红袖拂，也应胜似碧纱笼。’莱公大笑。”寇准封莱国公，故称“莱公”。

而北宋僧人文莹所著《续湘山野录》中的版本则要复杂得多。魏野的好友、中书舍人孙仅宠爱一位叫添苏的长安名妓，魏野于是寄给他一首诗，以钱塘名妓苏小小相比，有“见说添苏亚苏小，随轩应是佩珊珊”的诗句。孙仅以诗相示，因为魏野名气大，添苏如获至宝，将此诗题于家中的堂壁之上，而且“一夕之内，长安为之传诵”。

后来魏野来长安，有好事者带他去添苏家，但不言彼此姓氏。“添苏见野风貌鲁质，固不前席。”魏野乃一隐士，不仅貌丑，而且粗放质朴，迥异于官场中人，因此添苏很看不起他，“不前席”，不上前与他搭话。魏野举头一看，看见了堂壁上自己的诗。添苏夸耀说：“魏处士见誉之作。”魏野不说话，索笔在旁边又添了一首诗：“谁人把我狂诗句，写向添苏绣户中。闲暇若将红袖拂，还应胜得碧纱笼。”添苏这才知道此人就是魏野，遂大加礼遇。

魏野这人有意思吧？

唐寅（1470—1524），字伯虎，小字子畏，号六如居士，南直隶苏州府吴县（今江苏苏州）人。明代著名书法家、画家、诗人，“吴门四家”之一。作画起初师法周臣，后广学宋、元名家，能将南宋院体画精谨秀丽的画法与元人清隽淡雅的笔墨融为一炉，行笔秀润缜密而有韵度，至若人物、楼观、花鸟，无不臻妙。

此图是根据唐人范摅（shū）《云溪友议》所记唐代名士崔涯为名妓李端端作诗、改诗的故事绘成。图中戴乌角巾、留八字须、背靠屏风、执卷安坐于交椅之上的文士即崔涯（一说是崔的挚友张祜），对面是衣裳淡雅的李端端，手持一朵白牡丹，亭亭立于屏风前。人物秀雅，赋色明丽，笔墨清润。画上自题：“善和坊里李端端，信是能行白牡丹。谁信扬州金满市，胭脂价到属穷酸。”

崔涯乃当时狂士，豪侠尚酒，长于宫词，“每题一诗于倡肆，无不诵之于衢路”。他曾作诗嘲笑李端端的长相，李端端见诗后“忧心如病”，便去见崔涯，婉言评理。崔涯被感动，又写了一首诗赞她为“一朵能行白牡丹”，于是“大贾居豪，竞臻其户”。此事与魏野的故事类似，皆是文人与妓女交往的韵事，名士的毁誉直接影响到美人声价，再被唐寅这位风流名士画出来，可谓相得益彰。

《李端端落籍图》，明代唐寅绘，纸本设色，南京博物院藏。

善和坊裏李端端信是
能行白牡丹誰信揚州金
滿市臙脂價到屬窮酸
唐寅畫并題

上当
竟然指上当铺被骗

“上当”是指中了别人的奸计而受骗吃亏，这尽人皆知，但是为什么把受骗吃亏叫作“上当”呢？就没有人能说得清了。

“上当”这个日常俗语的权威解释来自清人徐珂编撰的《清稗类钞》，归入“讥讽类”的“自上当”一条讲述了一个有趣的故事：“清河富室王氏设质库于邑城，累世矣。代远，子姓繁，有仍拥巨赀者，有仰此自给者，营业之事，则择一人主之。”

江苏清河王氏乃属盐业起家的世家大族，同时也经营“质库”。“质库”指把钱借给典押物品的人以收取利息的店铺，俗称当铺。

“光绪时，主之者为寿萱观察锡祺。寿萱好学，好刻书，尝刊《小方壶斋舆地丛钞》，于营业不甚措意。”王锡祺，字寿萱，光绪年间著名的编辑家，曾捐过一个刑部候补郎中，故尊称“观察”。他最有名的著作就是研究世界地理的《小方壶斋舆地丛钞》。这样一位学者，可想而知花费在当铺经营上的精力十分有限。

“而族众忌之，意其主持有年，必增益多金，思有以倾之也。乃各出其长物，典于质库，而必取重值。库伙以典物者之亦主人也，不得不如数以应之，凡若此者，几于无日蔑有，而因应穷矣。”

王氏家族的人认为王锡祺主持当铺多年，一定收益良多，才会有更多的金钱用在刻书、藏书的事情上，就很嫉妒他。这些股东们想了一个馊主意，将家里多余的东西都拿到当铺里去典当，预先估算的价格一定高于实际价值。当铺的伙计哪里敢驳回股东们自己定的高价呢，只好如数给付。一来二去，当铺的资本渐渐就被抽空。

“架本不足，寿萱则以假贷资挹注，久之，遂破产。时人为之语曰：‘清河王，自上当。’盖质库一曰典当，俗谓质物曰‘当’，为人所欺曰‘上当’。王氏之当，非寿萱一人所设，族众亦主人，而各以己物往质，故为‘自上当’也。”

由此可见，清代民间早已把典当物品给当铺而为当铺所欺，或者当铺为典当者所欺称为“上当”。不过，王锡祺的“上当”却属于为自己家族所欺的“自上当”，可谓异数。

通俗西遊記
孫悟空
精細鬼
伶利虫

《通俗西游记 孙悟空 伶俐虫 精细鬼》，月冈芳年绘，一八六四年。

月冈芳年（1839—1892），本名米次郎，画号一魁斋芳年、玉樱楼、咀华亭、子英，晚号大苏芳年。日本江户时代末期著名浮世绘画家，被称为“最后的浮世绘师”。构图大胆，画风独特，以血腥的“无惨绘”著称。

《西游记》于江户时代传入日本后，成为除《三国演义》之外流传最广的中国经典，浮世绘师为之绘制了许多精美插图。月冈芳年笔下的《通俗西游记》绘制较晚，人物造型与环境渲染都明显褪去了中国绣像本的痕迹，画风厚重，设色浓烈，有浓郁日本风情。

这幅描绘的是第三十二回的故事。唐僧师徒路经平顶山莲花洞，当地妖怪金角大王和银角大王派精细鬼、伶俐虫带着紫金红葫芦和羊脂玉净瓶去捉孙悟空，却被孙悟空拿一个假葫芦给骗了。两个小妖抬着换来的假葫芦兴高采烈地回洞，演示葫芦装天的过程时，才发现上了大当。画面上孙悟空一身红袍，假模假样，正行欺骗之事。两个小妖大惊小怪，滑稽可爱。他们天真又容易上当的憨态与“精细鬼”“伶俐虫”两个名字形成强烈反差。

上乘
原来指四马共驾一车

今天把上品、上等称作“上乘”，比如上乘佳作指上等的好作品；相应地，下品、下等称作“下乘”，比如落入下乘指落入下等。此处“乘”的读音为chéng，但是在古代，“上乘”的“乘”读音为shèng，而且含义跟今天完全不同。

《左传·哀公十七年》载：“十七年春，卫侯为虎幄于藉圃，成，求令名者，而与之始食焉。大子请使良夫。良夫乘衷甸两牡，紫衣狐裘，至，袒裘，不释剑而食。大子使牵以退，数之以三罪而杀之。”

虎幄，以虎纹为饰的幄幕；藉圃，园圃之名；令名，好名声；大子，太子；良夫，即浑良夫，本为卫国大夫孔文子的仆人，长得英俊漂亮，曾协助卫庄公发动政变登上君位；袒裘，袒露皮衣。按照礼制，裘上要加裼（xī）衣，裼衣上再加朝服，脱掉衣服的时候，只能露出裼衣。浑良夫吃饭吃得热了，居然在卫侯面前露出皮衣，这是越礼之举。

至于“衷甸两牡”，“牡”指雄性的鸟兽，“两牡”就是两匹公马；“衷甸”即中乘，两匹马拉的车子。孔颖达注解说：“以四马为上乘，两马为中乘。大事驾四，小事驾二，为等差故也。”意思是说：“上乘”为四马共驾一车，有重要事情的时候所用；“中乘”为两马共驾一车，事情不重要时所用。

这一年春天，卫庄公在藉圃新造了一座饰以虎纹的大帐幕，造成之后，要请一位名声好的人在里面吃第一顿饭，太子推荐了浑良夫。没想到乘坐“中乘”而来赴约的浑良夫居然连犯三罪：紫衣狐裘，穿只有国君才能穿的紫衣；袒裘；带剑而食。太子于是杀了他。

按照周代礼制，“天子之大夫皆驾四”，“上乘”因此引申为上等马，“中乘”自然就是中等马，“下乘”自然就是下等的劣马。《左传·哀公六年》载：“阳生驾而见南郭且于，曰：‘尝献马于季孙，不入于上乘，故又献此，请与子乘之。’”这是说公子阳生曾经献给季孙氏的马“不入于上乘”，即没有进入季孙氏的上等马的行列。

辅佐朱元璋成就帝业的刘伯温所著的《郁离子》一书中写道：“冀之北土纯色者为上乘，居天闲，以驾王之乘舆；其駹为中乘，居内厩，以备乘舆之阙，戎事用之；冀及济河以北，居外厩，诸侯及王之公卿大夫及使于四方者用之。”“天闲”是专供皇帝养马之地，“上乘”要养在这里，为皇帝驾车；“駹（máng）”指杂色，杂色的“中乘”要养在皇家内厩，作为“上乘”的替补；其余的马虽然也不一定就是“下乘”，但都要养在外厩。

如今“中乘”一词早已不用，“上乘”和“下乘”的义项即由此引申而来。

北京故宫藏《鹿鸣之什》卷创作于宋高宗朝。此卷书、画共十段，绘画简逸流动，书法端庄潇洒，是极难得的存世的赵书、马画合璧真迹。

《四牡》是一首行役诗，描绘为王事奔波的使臣在漫长征途中的辛勤与思家情绪。“四牡”指驾车的四匹雄马。画面上一辆“上乘”马车正辚辚而行，一人手持节旄端坐车中，四名仆从于车前挽辔而行，车后一人跟随。路边仅画杂木一丛，表现出路途的荒凉与艰辛。乘车的人面容略带忧愁，显然身负重要使命，任重而道远。诗曰：“四牡骓骓，周道倭迟。岂不怀归？王事靡盬，我心伤悲。”骓（fēi），急行的样子；周道，大路；倭（wēi）迟，迂回遥远的样子；盬（gǔ），停止。四马疾驰，道阻且长。长途跋涉的疲倦，忧心王事的焦虑，怀归不得的怅惘，反复咏叹，十分动人。

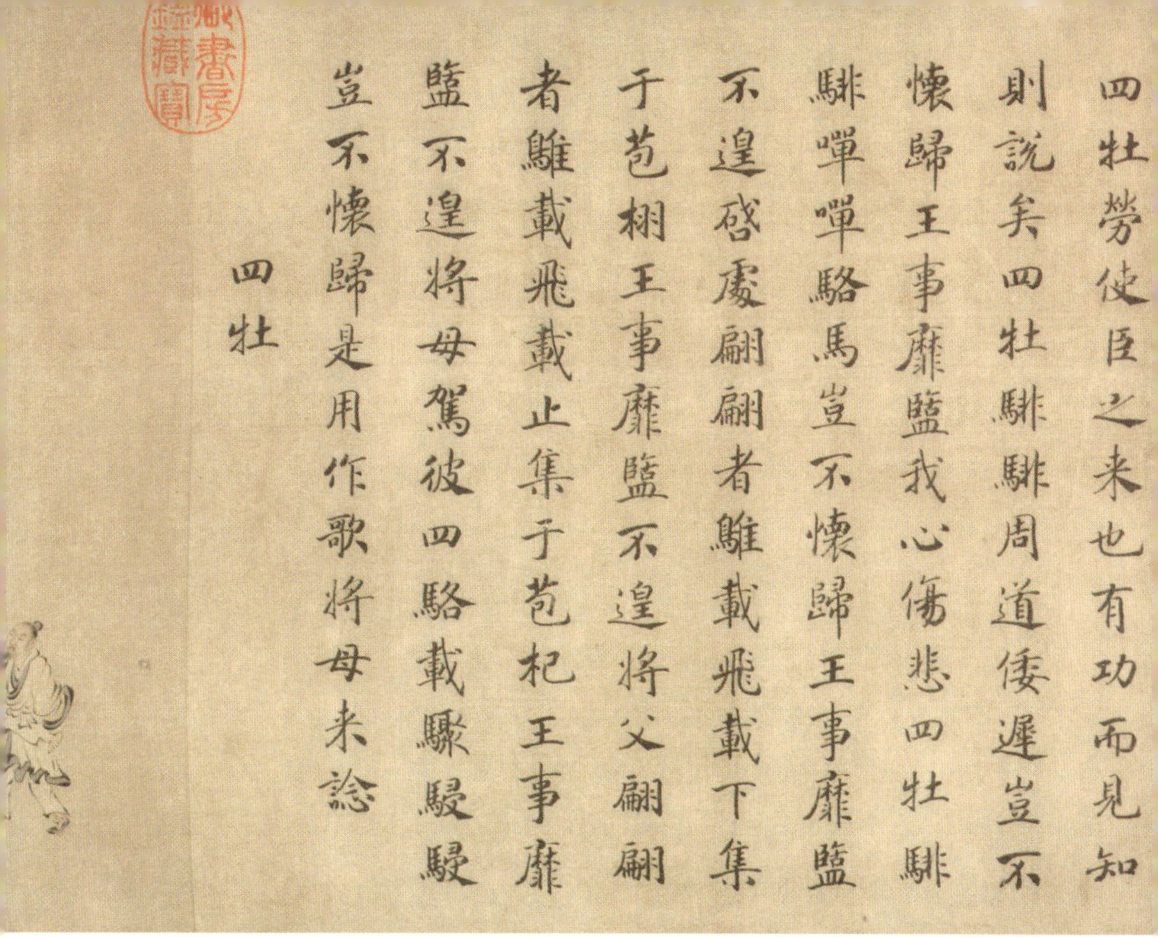
四牡勞使臣之来也有功而見知則説矣四牡騑騑周道倭遲豈不懷歸王事靡盬我心傷悲四牡騑騑嘽嘽駱馬豈不懷歸王事靡盬不遑啓處翩翩者鵻載飛載下集于苞栩王事靡盬不遑将父翩翩者鵻載飛載止集于苞杞王事靡盬不遑将母駕彼四駱載驟駸駸豈不懷歸是用作歌将母来諗

四牡

《诗经·小雅·鹿鸣之什图》『四牡』，南宋马和之绘，赵构书，绢本设色长卷，北京故宫博物院藏。

开天窗
原来是比喻侵吞财物

今天人们日常俗语中的“开天窗”一词是指有些国家实施新闻检查，某些报道或言论被禁止发表，版面上只好留下成块的空白。但是在明清的民间谚语中，这个词却用来比喻侵吞财物的行径。

明代藏书家郎瑛在所著《七修类稿》的“奇谑类”中讲了一个有趣的故事，是为“开天窗”这一俗语的出处。作者描述他和众文士会饮，约定以盗贼之事对对子来行酒令。一人说：“‘发冢’可对‘窝家’。”发冢指盗墓，窝家指窝赃。另一人说：“‘白昼抢夺’对‘昏夜私奔’。”众文士笑称私奔非盗，这人强词夺理地说虽然名目不像，但是推究情由却与盗无异。第三人说：“‘打地洞’可对‘开天窗’。”众文士又称“开天窗”也非盗，这人笑辩道：“今之敛人财而为首者克减其物，谚谓‘开天窗’，岂非盗乎？”众人哄堂大笑。可见大家都听说过这句谚语，是比喻“敛人财而为首者克减其物”。

什么叫“敛人财而为首者克减其物”？我们再来看清人孙锦标所著《通俗常言疏证》中的解释：“以伙计多开花账者，谓之开天窗。”“花账”指虚报的账目。所谓“敛人财者”，是指在别人那里供职的人；“克减其物”，是指利用职务便利，以多开或虚报的名目侵吞财物。这就是“开天窗”的本义，因为使用的是不正当手段，就像打开天窗，从库房里偷盗财物一样，所以郎瑛他们才会将之等同于盗。至于报纸留空白的“开天窗”，虽然也非常形象，不过是后来的引申义了。

《彩绘帝鉴图说》之『应奉花石』，绢本设色，约十八世纪，法国国家图书馆藏。

“应奉花石”出自《帝鉴图说》下篇“狂愚覆辙”，该部分专录帝王倒行逆施之祸，以为鉴戒。

《宋史》记载，徽宗性喜花石，年年寻求地方奇异花石入宫。淮、汴二河中都是进贡船只，络绎不绝，首尾相接，叫作“花石纲”。置应奉局在苏州，专以购求花石为事。岩穴薮泽之中，虽幽深隐僻去处，也无不到。凡士庶之家，有一块石，有一棵树，稍稍可玩的，就被指为朝廷御用之物，及发行时，必撤屋抉墙以出。百姓们为这差使重累，多破家荡产，甚至鬻卖子女以供其费。张居正叹息曰：“夫花石之玩，何益于事，而徽宗乃好之不已。至于上耗国用，下竭民力，曾不知恤，遂使邦本动摇，强虏内犯，身死沙漠，家族播迁，岂不愚哉！”

开门七件事到底是哪七件事？

古人很有趣，不知道为什么总喜欢把事情定为七件。比如周礼规定治国有七件事：祭祀、朝觐、会同、宾客、军旅、田役、丧荒。唐代的武官要随身佩戴七样东西，也称作七件事：佩刀、刀子、砺石（磨刀石）、契苾真（雕凿所用的楔子）、哕厥（解锥）、针筒、火石。这七样东西都挂在腰带上，是武官的必备物品。

至迟到宋代，人们也开始用“开门七件事”这句俗语来指称日常生活的必需品。元代《湖海新闻夷坚续志》中有“俗谑试题”的条目，描述宋代的太学生们平时闲坐聊天，经常以玩笑话做题、破题。有一位是这样说的：“湖女艳，莫娇他，平日为人吃诜拿，乌龟犹自可，虔婆似那吒！早晨起来七般事，油盐酱豉姜椒茶，冬要绫罗夏要纱。君不见，湖州张八仔，卖了良田千万顷，而今却去钓虾蟆，两片骨臀不奈遮。”可见宋代的“七件事”乃是“油盐酱豉姜椒茶”，“豉”是用豆类发酵制成的调味佐料，相当于今天的酱。

南宋吴自牧的《梦粱录》一书有不同的说法。该书第十六卷有个条目叫“鲞铺”，“鲞（xiǎng）”是腌腊食品，这个条目描写的就是南宋都城临安（今浙江杭州）的腌腊铺子，其中写道：“盖人家每日不可缺者，柴米油盐酱醋茶，或稍丰厚者，下饭羹汤，尤不可无，虽贫下之人，亦不可免。”“开门七件事”自此定型，直到今天仍然是指“柴米油盐酱醋茶”。

元代的各种杂剧中经常出现“开门七件事”这个俗语，无一例外都是

《苏州市景商业图册》之一，清代佚名绘，纸本设色，法国国家图书馆藏。

此幅绘街市一角，恰临十字路口，三面路，一面桥。无论店家还是小贩，在此营业都算是占据了不错的地理位置。拐角处是一间酱菜店，门口挂着“正大五香乳腐”“正大进京甜瓜”“正大青盐乳腐”等招牌，店内摆满酱菜缸，货物种类丰富。酱菜店左首是一间膏药店，门前街上两人当众赤膊互搏，大概是为膏药做广告呢。再往左是一间茶铺，主营各色细茶。最左则是粮食铺，当街斜放的大笸箩里堆着各种谷物。各色行人，有挑担、推车赶路的，有驻足看热闹的，有买小吃的，有让人量尺码做衣服的，不是特别热闹，但显得一派安闲。

住在附近的人，往这条街上走一趟，“开门七件事”也就办齐了。

指“柴米油盐酱醋茶”。在普通百姓眼中，具备了这七件事，日子就堪称小康了，如果没有了这七件事，日子就不知道该怎么过了。有位无名氏所作的诗就描述了这种凄凉境况：“柴米茶盐酱醋油，而今件件费绸缪。吞声不敢长嗟叹，恐动高堂替我愁。”此人穷到这种地步还在担心双亲为自己发愁，真可谓孝顺了。

不过也有风雅之人将“开门七件事”视作庸俗之事。唐伯虎有首叫《除夕口占》的诗：“柴米油盐酱醋茶，般般都在别人家。岁暮清闲无一事，竹堂寺里看梅花。”唐伯虎是名士，宁愿饿着肚子也要去赏梅花，普通人是不敢跟他比的。

袁枚在《随园诗话》中引了一首有趣的诗《戏题》：“书画琴棋诗酒花，当年件件不离他。而今七事都更变，柴米油盐酱醋茶。”“书画琴棋诗酒花”风雅至极，可是没有“开门七件事”垫肚子，哪里还能够有雅兴去风雅？这首诗可以视作对唐伯虎的讽刺之作。

最好玩的是有一位家庭主妇写给纳妾的丈夫的《开门诸事》诗：“恭喜郎君又有她，侬今洗手不当家。开门诸事都交付，柴米油盐酱与茶。”该主妇显然对丈夫纳妾十分不满，可是又不敢明吐怨言，只好借此诗发牢骚。七件事中唯独少了“醋”，该主妇的意思是把醋留下来自己吃了！

月老
为什么是媒人的代称？

“月老”又称“月下老人”，是中国神话传说中专管婚姻的神，直到今天，很多地方还都建有月老祠，可见人们对这位媒人的喜爱。

月下老人第一次现身人间是在唐代，李复言所著《续玄怪录》一书记录了月下老人的这次现身。杜陵人韦固想早点娶媳妇，可是一直没有找到合适的。贞观二年（628），韦固要去清河，旅途中住在宋城南店。朋友给他介绍了潘司马的女儿，约定第二天早上在南店西边龙兴寺门口相见。

韦固心情急切，天还没亮就出了门，一看斜月尚明，有位老人倚着布袋子坐在台阶上，趁着月光在翻书。韦固悄悄靠近，想看看这么热爱学习的老人读的是什么书。一看，不由得大吃一惊：自己一个字都不认识！

韦固满怀敬意地询问老人读的是什么书，老人回答道：“幽冥之书。”

韦固吃惊地问道：“既是幽冥之人，怎么到了人间？”

老人幽默地回答道：“不是我不该来，而是你起得太早了才碰上我。况且路上走的人和鬼各一半，不容易辨认出来哪个是人，哪个是鬼。”

韦固又问道：“那么，请问您是管什么的？”

老人回答道：“主管天下婚姻。”

韦固一听不由得大喜，立刻就问：“我还没有娶妻，朋友给我介绍了潘司马的女儿，您给查查能不能成？”

老人检索了一番手中的书，回答道：“和潘司马的女儿不成。你妻子今年才三岁，等到她十七岁的时候才会进你的门。”

韦固探头看看老人的布袋子，问道："这里面是什么？"

老人回答道："红绳子啊！是用来拴夫妻两人的脚的。即使是仇敌之家，贫富悬殊，天各一方，只要这根红绳子系上，从此就解不掉了！你的脚早就被我系上了，你还向别处去寻找，有什么用呢？"

韦固赶紧探问："那我的妻子现在在哪儿？"

老人回答道："在此店以北，一个卖菜妇女的女儿。"

韦固问道："我能见见她吗？"

老人回答道："天亮了她妈会抱着她来卖菜，你跟我走，我带你去见见她。"

天亮后，潘司马的女儿没有依约前来，韦固就跟着老人来到米市。老人指点着一位瞎了一只眼睛的妇女，该妇女刚好抱着一个三岁大的小女孩，长得十分丑陋。老人对韦固说："这就是你将来的妻子。"

韦固一见大为失望，问老人："我要杀了她，可以吗？"

老人回答道："此女将来大富大贵，你怎么杀得了她？"说完这句话，月下老人就不见了。

回去后，韦固磨利了一柄小刀，对仆人说："如果你能为我杀了那个小女孩，我将赐你一万钱。"

重金之下必有勇夫，第二天，仆人揣着刀到了菜市场，一刀刺中了小女孩。市场一片混乱，仆人趁乱跑了回来。韦固问他刺中了没有，仆人说："本来是想刺她的心脏的，谁知手一滑，仅仅刺中了两眉之间。"

此后韦固苦苦寻索，却一直无法成亲。十四年后，韦固担任相州参军，刺史很欣赏他，将自己的女儿嫁给了他。该女时年十七岁，容貌艳丽，韦固非常满意。唯一的遗憾是，妻子两眉之间总是贴着一片花钿，洗澡的时候也不取下来。一年后，韦固实在好奇得忍不住了，逼问妻子到底是什么

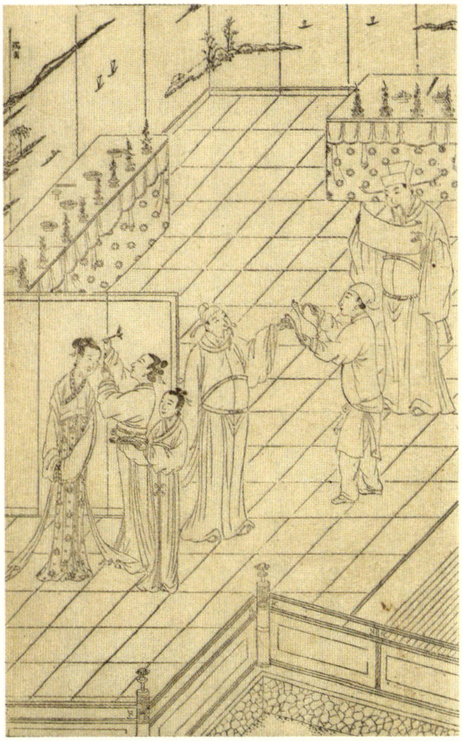

《古杂剧二十种》『玉镜台』插图，明代王骥德编，万历时期顾曲斋刻本。

王骥德（？—1623），明代戏曲理论家，字伯良，号方诸生、玉阳生，又号方诸仙史、秦楼外史，会稽（今浙江绍兴）人。《古杂剧二十种》共二十卷，收录了二十种形式完整、章法典雅的杂剧，旨在保存杂剧古法典范。内含精美版画二十八幅，皆徽派黄氏一门刻工所刻，线条挺拔，刀锋犀利，人物秀俊，景色不苟，为明武林版画代表作品。

此图为元代关汉卿所撰《温太真玉镜台》一剧的插图。这是一部关于婚姻的喜剧。翰林学士温峤中年丧妻，其从姑刘氏请他教十八岁女儿刘倩英弹琴写字。温峤对刘倩英一见钟情，恰好刘氏托他给女儿保一门亲事，温峤便诡称有一良人，以玉镜台为信物定亲。婚礼之后刘倩英才发现新郎是温峤，大怒，拒不就亲。京城王府尹知道此事，特设一个水墨宴，席间命温峤等吟诗。有诗的学士，夫人插金凤钗；无诗的学士，夫人戴草花，墨污面皮。温峤才高八斗，却有意俄延，直到刘倩英正式唤他为丈夫、答应随顺后，才即席吟诗，“遂令鱼共水，由此得和谐”。图中是筵席上吟诗簪钗一幕。

温峤被托为月老，却给自己谋妻，其行止未免不堪。剧终时他得意地唱道：“从今后姻缘注定姻缘簿，相思还彻相思苦。”可惜从刘倩英的角度来看，老夫少妻，算什么良配。

缘故。妻子潸然泪下，回答道："我只是刺史的养女。我还在襁褓里的时候，父母和兄长都去世了，乳母陈氏带着我在宋城城南居住，离南店很近，乳母就在挨着南店的菜市场卖菜为生。我三岁的时候，在市场中被狂贼刺伤了眉间，只好拿花钿贴上。"

韦固一听，问道："陈氏是不是瞎了一只眼睛？"

妻子回答道："对啊，你怎么知道？"

韦固说："刺你的人就是我啊！"于是原原本本地把事情的经过讲了一遍。从此以后，夫妻两个更加相亲相爱，韦固还把南店题名为"定婚店"。

韦固的故事流传开来，人们就用"月下老人"或者其简称"月老"来称呼媒人了。

月黑风高
原来出自两项罪名

“月黑风高”这个成语形容极其险恶的环境。月黑，黑夜无月光，比如王昌龄“其时月黑猿啾啾，微雨沾衣令人愁”的诗句；风高，风大，比如杜甫“秋晚岳增翠，风高湖涌波”的诗句。那么，没有月光的夜晚和大风天气为什么能够用来指代险恶的环境呢？原来，这个成语出自一个非常有趣的故事。

元代署名为辗然子所著的《拊掌录》记载了这个有趣的故事：“欧阳公与人行令，各作诗两句，须犯徒以上罪者。一云：‘持刀哄寡妇，下海劫人船。’一云：‘月黑杀人夜，风高放火天。’欧云：‘酒粘衫袖重，花压帽檐偏。’或问之，答云：‘当此时，徒以上罪亦做了。’”

欧阳修和朋友一起喝酒行酒令，约定所作的两句诗必须是“犯徒以上罪者”。“徒”即徒刑，将犯人拘禁起来服劳役。据《隋书·刑法志》，这项罪名始于北周五刑：一曰杖刑，二曰鞭刑，三曰徒刑，四曰流刑，五曰死刑。徒刑服刑的年数为一至五年，隋时改为一至三年。欧阳修和朋友们行的酒令就是诗中必须包含徒刑以上，即流刑和死刑的罪名。

一位朋友的诗是：“持刀哄寡妇，下海劫人船。”另一位朋友的诗是：“月黑杀人夜，风高放火天。”可见宋代时这四种行径都属于徒刑以上的罪，“月黑风高”的成语即由此而来。

轮到了欧阳修，只听他慢条斯理地吟道：“酒粘衫袖重，花压帽檐偏。”众人一听大惑不解，就问他这算是什么罪名。欧阳修答道：“当此时，徒以上罪亦做了。”原来，“酒粘衫袖重”是形容饮酒大醉，以至于衣袖都觉沉重；“花压帽檐偏”的“花”指美人，和美人云雨，以至于帽檐都被压偏了。酒壮怂人胆，色胆包天，有此两种情况，徒刑以上之罪，犯起来就很容易了。欧阳修真幽默！

“月黑风高”这个成语就是从这场酒令游戏中诞生的，可惜《拊掌录》没有记录作者的名字，仅仅将其当作欧阳修逸事的陪衬者而已。

歌川国芳（1798—1861），号一勇斋、朝樱楼等，是浮世绘歌川派晚期大师之一。他擅长武者绘（被称为“武者之国芳”）、猫绘、鬼怪画，风格新奇大胆，构图饱满，想象力天马行空。《通俗水浒传豪杰百八人之一个》是他的代表作。

歌川国芳笔下的水浒人物画，画面繁复，色彩浓烈，气势动人，在当时大受追捧。这幅画的是鼓上蚤时迁。正是月黑风高之夜，素以偷技著称的鼓上蚤盘踞于树干之上，圆睁双目，手持提灯向低处窥探。扭曲的树干与扭曲的肢体呼应，画面充满张力。时迁出身盗贼，梁山大聚义时排第一百〇七位，上应“地贼星”。在与杨雄、石秀投奔梁山途中，时迁偷吃店家的报晓公鸡，石秀又放火烧毁客店，三人逃跑时，时迁被祝家庄活捉，引出梁山三打祝家庄。对于无法无天的水浒豪杰来说，杀人放火真如家常便饭。

《通俗水浒传豪杰百八人之一个　鼓上蚤时迁》，歌川国芳绘，一八二九—一八三〇年。

通俗水滸傳豪傑百八人之一個
鼓上蚤時遷
原高唐州の産一身軽して高樹をつたふ事木鼡山猴のごとし
徐寧誑山障母迎んと呉用が計を受て
▲徐教師が

元宝
“元”本来指改元

现在人们常说“元宝”“金元宝”。为何用“元”来命名？没有人说得清楚，甚至有人误解为圆形的钱币，实在是大错而特错。其实，“元宝”之“元”，乃是指朝代、皇位更迭后所改的年号，或者皇帝任期内所改的年号。不仅今人不知，而且从唐代一直误用到了今天。

《旧唐书·食货志》将这种误用解释得清清楚楚：“高祖即位，仍用隋之五铢钱。武德四年七月，废五铢钱，行开元通宝钱……初，开元钱之文，给事中欧阳询制词及书，时称其工。其字含八分及隶体，其词先上后下，次左后右读之。自上及左回环读之，其义亦通。流俗谓之开通元宝钱。”

原来，唐高祖李渊即位后，废除了隋代的五铢钱，改铸“开元通宝”钱。武德是唐代的第一个年号，因此称“开元”，是开始新的纪元、开国的意思，这就是“开元通宝”中“开元”的来历；“宝”是珍宝，用作钱币之名；“通”是通行、通用之意。著名书法家欧阳询亲自书写“开元通宝”四字铸在钱上，四个字的分布是：“开”在上，“元”在下，“通”在左，“宝”在右。本来应该按照“先上后下，次左后右”的顺序读作“开元通宝”，民间却往往按照更习惯的逆时针顺序读作“开通元宝”。虽然《旧唐书》说“其义亦通”，但其实是不通的，因为“开元通宝”意为开国通用之宝，而“开通元宝”如何解释呢？“元”字就没了着落。

到了宋代，《宋史·食货志》记载：“太祖初铸钱，文曰‘宋通元宝’。”宋太祖的第一个年号是建隆，但他已经不明白“元”是建元之意，因此误

《元曲选》插图『韩飞卿醉赶柳眉儿』，明代臧懋循编，万历时期刊本。

臧懋循（1550—1620），字晋叔，号顾渚山人，浙江长兴人，明代戏曲家、戏曲理论家，以编著《元曲选》而闻名。《元曲选》是一部元杂剧总集，堪称元曲之集大成者，分为十集，共收剧一百种，又名《元人百种曲》。

这幅插图描绘的是元代乔吉创作的杂剧《李太白匹配金钱记》中的一个情节。此剧收录于《元曲选》甲集上部，简称《金钱记》，主要写唐代诗人韩翃的风流韵事。三月三日，京兆尹王辅之女柳眉儿前往九龙池游赏，与醉酒逃席的韩翃相遇，二人一见倾心。柳眉儿便故意把父亲交给她收藏的御赐“开元通宝”金钱五十文遗落地上，等韩翃拾起：“我心间万般哀苦事，尽在回头一望中。”韩翃趁醉追至王辅家的后花园，被主人捉拿，经贺知章调解做了王家的门馆先生。后经李太白奉旨做媒，有情人终成眷属。

皇帝御赐的开元通宝五十文，王辅原想永作“家宝”的。他把金钱给女儿随身悬佩，目的是为女儿“避邪驱恶”，不料被当成了爱情信物。画面上是柳眉儿路上遗钱一幕。回眸有情的小姐，痴痴呆望的书生，路上明晃晃一串金钱，构图俏皮，令人莞尔。

为“宋通元宝”，意为宋代通用的元宝。这时的“元宝”一词，已经成为所铸钱的代名词。

到了宋太宗时期，《宋史 · 食货志》记载：“初，太宗改元太平兴国，更铸‘太平通宝’，淳化更铸，又亲书‘淳化元宝’，作真、行、草三体。后改元更铸，皆曰‘元宝’，而冠以年号，至是改元宝元，文当曰‘宝元元宝’，仁宗特命以‘皇宋通宝’为文，庆历以后，复冠以年号如旧。”这可真够混乱的，一会儿是正确的“通宝”，一会儿又是错误的“元宝”，从此就再也分不清二者的区别了，“元宝”的名称遂以讹传讹、将错就错地沿用了下来。

支吾
为何形容说话含混?

以“支吾”为核心，产生了一大批词汇：支吾其词，支支吾吾，左支右吾。这些词现在常用的义项是形容说话含混，躲躲闪闪，闪烁其辞，搪塞，不敢说个利落话。这种种义项是怎样形成的呢？过程非常有趣。

其实，“支吾”最早写作“枝梧”，出自《史记·项羽本纪》。秦国攻打赵国，楚怀王任命宋义为上将军，项羽为副将，前去救赵。不料宋义按兵不动，项羽气愤之下，砍下宋义的人头，对众将谎称宋义与齐国联合，意欲谋反，楚怀王暗中命令自己杀了宋义。“当是时，诸将皆慑服，莫敢枝梧。”注解说：“小柱为枝，邪柱为梧，今屋梧邪柱是也。”“邪”通“斜”。支撑屋子的小柱子叫“枝”，小柱子旁边与“枝”一起起辅助作用的斜柱子叫“梧”；单独的“枝”或“梧”都不足以支撑屋子，必须合二为一才能起到支撑作用，因此“枝梧”连用，表示支撑、支持之意，引申为抗拒。项羽杀了宋义，诸将慑于项羽的霸气，谁都不敢抗拒他。这就是“枝梧”一词的来历。

《旧五代史·孟知祥传》载：“知祥虑唐军骤至，与遂、阆兵合，则势不可支吾。”这里的“支吾”是抵挡之意，是指孟知祥汇合遂州和阆州的兵马，势力大张，不可抵挡。

但是，“枝梧”或者“支吾”又是怎么演变成形容说话含混的“支支吾吾”的呢？还是要来看“枝梧”这个原始形态。前面说过，单独的“枝”或者“梧”都无法起支撑作用，也就是说二者都不能自主，说话含混、躲躲闪闪的样子跟这种无法自主的形态是多么相像啊！因此人们就把“支吾”跟吞吞吐吐说话的样子联想到了一起，又生发出叠字的“支支吾吾”来。实在是太形象啦！

“左支右吾”意为左右抵拒，手忙脚乱，穷于应付，也是由此而来。《宋史·李邴传》载：李邴是宋高宗的大臣，曾为高宗指点天下大势，其中建议“由登、莱泛海窥吴、越，以出吾左；由武昌渡江窥江、池，以出吾右，一处不支则大事去矣，愿预讲左支右吾之策”。结果高宗没听他的，“左支右吾”这个成语倒是流传了下来：左边要用“枝”，右边要用“梧”，闹得手忙脚乱，一处支撑不住，房屋就要倒塌，狼狈之状可以想见。

至于“抵牾”这个词，是矛盾、抵触之意，原本写作“柢梧”，“柢”是木头的根，“梧”要斜着把这个根给紧紧抵住，于是引申出抵触之意。

《观瀑图》，明代唐寅绘，纸本水墨，台北故宫博物院藏。

这是一幅水墨立轴，绘庐山五老峰三叠泉瀑布。群峰峭拔，百丈高瀑从岩隙间转折而下，聚为湍流。山腰烟云变幻，以区隔中远景。近景岸边两株杂树斜倚于岩缝间，枝叶苍茂，树下高士观瀑，童仆随侍于后。绘山石用斧劈皴，画树叶兼采点叶及夹叶法，造型变化多样，有疏密层次。据画风推测，应为唐寅四十五岁左右之作。上端有画家自题诗一首：“ 派银河倾碧落，耳根于此洗尘嚣。要知尽日支吾处，五老峰前三峡桥。”此时唐寅经历了宦海沉浮、世态炎凉，胸中常怀愤懑，生活潦倒而令人厌倦，唯有终日“支吾”于五老峰下，以瀑布之声洗尽尘嚣，才得缓解一腔郁闷。“支吾”在此诗句中是应付、挨过之意。

此图笔墨峭拔、超逸，瀑布之动与老者之静相映衬，观者似能听到飞流直下的轰鸣声。

少艾
竟然是指美男子

“少艾”一词出自《孟子·万章上》:“人少则慕父母，知好色则慕少艾，有妻子则慕妻子，仕则慕君。”这段话是孟子说的，东汉学者赵岐注解说：“少，年少也；艾，美好也。”为《孟子》作疏的邢昺则困惑地问道：为什么孟子所说的“少艾”就是少女的意思，为什么赵岐所说的“艾”就是美好的意思？这个疑问不仅邢昺有，相信今人亦有。在文学作品中，用“少艾”来称呼少女已是共识，但正如赵岐的注解，“少”和“艾”都没有女子之意，那么这个称谓到底是怎么来的呢？

“艾”是一种植物，即艾蒿，《诗经·国风·采葛》中的名句“彼采艾兮，一日不见，如三岁兮”里，采的就是这种植物，用以驱蚊或针灸。至于把“艾”字用在人身上，《礼记·曲礼上》中说：“五十曰艾。”五十岁的老人叫“艾”。西汉学者扬雄所著《方言》中也说:“艾，长老也。东齐、鲁、卫之间，凡尊老谓之叟，或谓之艾。”为什么把“艾”用作对老年人的敬称呢？一般的解释是艾蒿上有白毛，因此孔颖达说：“年至五十，气力已衰，发苍白，色如艾也。”

除了用作老年男性的敬称，“艾”还被当作年轻男性的称谓使用，而且特指美男子。《国语·晋语》中有“国君好艾，大夫殆；好内，适子殆，社稷危”的谚语，“内”指内宠，“适子”即嫡子、太子。此处的“艾”与“内”并举，指外宠，外宠当然就是男色。《战国策·赵策》记载魏国公子魏牟劝说赵王，有一句话是“王不以予工，乃与幼艾”，意思是说赵王您不把国家政事交给真正有治理能力的大臣，却交给“幼艾”。此处的“幼艾”指赵王的宠臣建信君，建信君以色事赵王，可见“幼艾”即指年轻的男宠。

“艾”为什么用作美男子的称谓，而且又语带贬义地特指男宠呢？这是因为初生的艾蒿花色非常鲜艳，以红色和淡黄色居多，而且有浓烈的香气。早在春秋时期，艾蒿就是先民可食可药用的常见植物，因此以之取譬，形容年轻漂亮的男子。同时艾蒿又是乡野植物，谈不上什么高贵，因此古人还用它来比喻小人。比如屈原在《离骚》中吟咏道“何昔日之芳草兮，今直为此萧艾也”，就是这个意思。至于扬雄所言“东齐、鲁、卫之间，凡尊老谓之……艾”，则是方言称谓，就地取材，敬称乡野间的老年人。

大概从汉代开始，随着语言的演变，“艾”字的美好之意渐渐突出，专用以称呼美丽的少女。高诱注《战国策·齐策》时，就把“幼艾美女”并举，用来描述齐宣王的七位姬妾。

《五陵公子挟弹图》，宋末元初钱选绘，纸本设色，大英博物馆藏。

钱选（约1239—约1300），字舜举，号玉潭，又号巽峰、霅（zhà）川翁、清癯老人、习懒翁等，吴兴人。南宋景定间乡贡进士，入元不仕，流连诗画以终。擅人物、山水、花鸟、鞍马、蔬果，不拘一家之法。人物鞍马帅法李公麟，画花卉创用汁绿淡渲树叶，画人物创以高古游丝描画衣纹。人品画品皆称誉当时，乃“吴兴八俊”之一，与赵孟頫齐名。

据款题，此幅为钱选临摹赵孟頫作品。图绘一个白马红袍美少年，持弓立马，若有所待。题曰：“五陵年少动经过，白马金鞍逸兴多。挟弹呼莺莺不至，长楸落日奈春何。”虽然没有背景，却给人春光正好的感觉。少年如玉，白马如练，朱衣锦鞯，贵气骄姿，端的是光彩照人。这样的大好年华，青春少艾，不该驰骋疆场，建一番功业么？

巨无霸
竟然是人名

“巨无霸”一词，今天用来形容庞然大物，甚至连美式快餐麦当劳的一款汉堡也以此为名。有趣的是：“巨”者，巨大也；“无霸”，不霸或没有霸主。既巨大无匹而又不能称霸或者不能充任霸主，岂非自相矛盾？

原来，“巨无霸”是一个人名。《汉书·王莽传》载：王莽篡汉建立新朝后，与周边少数民族政权关系紧张。这一年，夙夜太守韩博上书说：“有奇士，长丈，大十围，来至臣府，曰欲奋击胡虏。自谓巨毋霸，出于蓬莱东南，五城西北昭如海濒。轺车不能载，三马不能胜。即日以大车四马，建虎旗，载霸诣阙。霸卧则枕鼓，以铁箸食，此皇天所以辅新室也。愿陛下作大甲高车，贲育之衣，遣大将一人与虎贲百人迎之于道。京师门户不容者，开高大之，以视百蛮，镇安天下。”

海濒，近海之地，即海滨；轺（yáo）车，一马所驾的军车；贲（bēn）育，战国时勇士孟贲和夏育的合称；虎贲，勇士之称。

韩博上书称用巨毋霸一人即可“以视百蛮，镇安天下”，王莽认为他是在讽刺自己，于是命巨毋霸留在原地，将韩博下狱处死。王莽又将巨毋霸更名为“巨母氏”。这一更名很有意思：王莽的姑母王政君是汉元帝的皇后，在汉元帝死后升级为皇太后，王莽登基后，尊为“新室文母太皇太后”。王莽本人字巨君，因此颜师古解释“巨母氏”之名的意味是：“莽字巨君，若言文母出此人，使我致霸王。”将巨毋霸视为应文母太皇太后而出的祥瑞。

王莽“更其姓曰巨母氏”，这一更改清楚地说明了“巨毋霸”其名的由来：复姓巨毋，因身躯巨大故名“霸”。至此，上述“巨”而“无霸”的矛盾迎刃而解。

《后汉书·光武帝纪》载：“时有长人巨无霸，长一丈，大十围，以为垒尉；又驱诸猛兽虎豹犀象之属，以助威武。自秦、汉出师之盛，未尝有也。”

“巨毋霸”之名，《后汉书》称之为“巨无霸”。这位巨人终于被王莽派上了用场，而且巨无霸不仅身躯巨大，竟然还有一项驱赶猛兽作战的本领！不过一场大战之后，王莽的军队兵败如山倒，“虎豹皆股战”，虽然史书没有记载巨无霸的下落，但他毫无疑问死于乱军之中。

巨无霸虽死，但他的名字却流传了下来，用来指代庞然大物。比如清代诗人赵翼所作《大石佛歌》，其中吟咏道：“巨无霸头大枕鼓，狄侨如眉高见轼。”狄人侨如也是一位巨人，“轼”是车前供人凭依的横木，侨如的眉毛宽得就像车前横木一样。这两句诗都是对大佛巨大体量的比喻。

《关羽擒将图》，明代商喜绘，绢本设色，北京故宫博物院藏。

商喜，字惟吉，一说恒吉，生卒年不详。明代宣德年间著名宫廷画家，官锦衣卫指挥。擅长山水、人物、花卉、走兽。画法工致细腻，笔法劲健。

此图描绘的是三国时期大将关羽水淹七军，活捉敌将庞德的故事。画中关羽长须美髯，气宇轩昂，一身绿袍，铠甲鲜明，手抱单膝踞坐于青松之下，神态从容自得。周仓手持青龙偃月刀侍立一旁。而庞德衣衫尽褪，被绑在木桩之上，兀自咬牙眦目，挣扎不休。

关羽作为家喻户晓的武圣人，赤胆忠心，武功盖世，勇如一国，号称万人敌。民间艺术中常把他画成威风凛凛的巨汉，把周围的人都衬得十分渺小。此图亦然。在画法上，人物用工笔重彩，大红大绿，浓艳亮丽，有壁画效果。此图纵1.98米，横2.36米，尺幅巨大，构图宏伟壮观，显示出宫廷艺术的豪华气派。倘若张贴起来，想必真如巨人在壁。

云英未嫁
“云英”原来是位营妓

“云英未嫁”不是一个成语，而是一个典故，因此很多成语辞典中都没有收录，但这个典故又因其富有诗意而经常被人使用，比如有的辞典举出这样的用例：“她可是个云英未嫁的姑娘，正待字闺中呢！”把“云英未嫁”和“待字闺中”视为同义词，这是不对的。

《礼记·曲礼上》载：“女子许嫁，笄而字。”笄（jī）礼是女子十五岁的成年礼，意味着此后就可以嫁人了，这时要取一个“字”。而在笄礼之后、出嫁之前的这一段时间，这位已经成年的女孩子的状态就称作“待字”或者“待字闺中”。女孩子尚未婚配，就好像在等待那个成人时方才可以取的“字”一样，故称“待字”。这当然是从字面意义上来理解的，“字”的引申义就是“女子许嫁”的“许嫁”二字，因此“待字闺中”即指未婚女子。

而“云英未嫁”虽然也指未婚女子，但身份却不同，因为云英是一位妓女，而且还是营妓。

这个典故出自晚唐诗人罗隐的故事。宋代计有功所著《唐诗纪事》载：“钟陵妓云英，隐旧见之。一日，讥隐犹未第，隐嘲之曰：‘钟陵醉别十余春，重见云英掌上身。我未成名君未嫁，可能俱是不如人。’”

这个故事，元人辛文房所著《唐才子传》中记载得更为详细：“隐初贫来赴举，过钟陵，见营妓云英有才思。后一纪，下第过之，英曰：‘罗秀才尚未脱白？’隐赠诗云：‘钟陵醉别十余春，重见云英掌上身。我未成名英未嫁，可能俱是不如人。’”

罗隐是钱塘人，二十七岁时第一次赴京师应举，路过钟陵（今江西南昌）的时候遇到了云英，这时，云英的身份是“营妓”。所谓“营妓”乃是官妓之一种，又称“乐营子女”“乐营妓人”，有乐籍，固定居住在州郡乐营，衣食由官家供给，服务对象是地方官员，或表演歌舞技艺，或侍宴。

营妓一旦隶属乐籍，这便成为终身的身份符号，很难脱离，要想脱离只能靠运气，比如得到地方最高长官的恩赐，比如在宴席上遇到喜欢她们的名士，名士向地方最高长官提出要求，恰巧地方最高长官爱才，或者干脆心情好，法外开恩。只有在这两种情况下才有可能幸运地脱离乐籍，否则就要为官府服务一辈子。

罗隐曾自称“十二三年就试期”仍未考中，事实也是如此。古人以十二年为“一纪”，从罗隐第一年应举遇到云英，到十二年后再遇，云英诧异地询问罗隐为何尚未“脱白”，意即脱去白衣，走上仕途，这才有了罗隐的这首《偶题》，又名《嘲钟陵妓云英》。此时的云英年龄应该已经较大，但仍然没有脱离乐籍，正与罗隐的境况相似，因此这首诗其实也是罗隐的自嘲。“我未成名英未嫁”，这句诗就是“云英未嫁”这个典故的由来，饱含着对双方坎坷身世的哀叹，可完全没有“待字闺中”的青春向往之情。

云英未嫁是因为身在乐籍，罗隐不第，据北宋陶岳所著《五代史补》的记载，则是因为“恃才傲物，尤为公卿所恶”。另外，大概罗隐相貌丑陋也是一个原因，《唐诗纪事》记载了一则逸事：罗隐诗名“为唐相郑畋、李蔚所知。畋女览隐诗，讽诵不已，畋疑有慕才意。貌寝陋，女一日帘窥之，自此绝不咏其诗”。郑畋是唐僖宗的宰相，他女儿经常吟诵罗隐的诗，以至于郑畋怀疑女儿迷恋上了罗隐的才华，没想到有一天她从门帘后偷窥到罗隐的相貌之后，再也不吟诵他的诗了。

“貌寝陋”和“恃才傲物”，一为相貌，一为性格，这两个原因导致罗隐终身未第，五十五岁时归乡，被吴越王钱镠（liú）召入府中，这才算走上仕途。最可怜的还是云英，虽然借罗隐的诗留名后世，但可以想象，她的命运就像绝大多数营妓一样，只能是终老于陪笑生涯之中了。

《人物故事图册》之一「裴航蓝桥遇仙」，清代范雪仪绘，绢本设色，北京故宫博物院藏。

范雪仪，女，本姓溆，嫁范氏为妻，江苏苏州人，生卒年不详。康熙年间吴郡妇女善书画者甚多，范雪仪为吴门女画家翘楚，擅长人物，所画内容多历史故事、神话传奇。画作用笔工细，线条流畅，神态生动，设色艳丽。这套《人物故事图册》共十开，乃其代表作品。

这幅描绘的是裴航遇仙，这一典故最早出现在唐代裴铏的小说《传奇》中。秀才裴航因故路经蓝桥驿，遇老妪织麻，航渴甚求饮，妪呼云英捧一瓯浆来饮之，甘如玉液。航见云英姿容绝世，便求娶之。妪曰："欲娶云英，须以玉杵臼为聘，为捣药百日乃可。"后裴航辗转访得玉杵臼，携回蓝桥捣药一百日，如愿娶了云英。婚后夫妻双双成仙而去。诗曰："一饮琼浆百感生，玄霜捣尽见云英。蓝桥便是神仙窟，何必崎岖上玉清。"

这个典故在古诗词中十分常见，可指代美好姻缘和坚贞爱情，"云英"也成为意中人的代名词。当然，此云英非彼云英，苦乐不同，命运迥异。

旦角
这个称谓原来出自妲己之名

中国戏曲角色中有一个非常奇怪的称谓，就是将扮演妇女的角色行当称作“旦角”，细分的话还有正旦、花旦、闺门旦、武旦、老旦等不同的行当。这个称谓到底是怎么来的呢？数不清的学者都探讨过“旦角”之“旦”的语源，但都没有富说服力的论证。

清人徐珂编撰的《清稗类钞》一书中总结了各种说法。有“反言说”：“旦为妇人，昏夜所用，故反言旦。”有“省笔说”：“伶人粗伧，识字无多，始而减笔，继而误写，久之一种流传，遂为专门之名词，明知其误而不可改矣……小旦，小姐也，先去女旁，后又改且为旦，但图省笔而已。”清人翟灏所著《通俗编》一书中则有“动物说”：“狚，猿之雌者，其性好淫，今俗讹为旦。”

王国维在《古剧脚色考》中认为：“旦名之所本虽不可知，然宋金之际，必呼妇人为旦，故宋杂剧有装旦，装旦之为假妇人，犹装孤之为假官也。至于元人，犹目张奔儿为风流旦，李娇儿为温柔旦（《青楼集》），此亦旦本伎女之称之一证。”按照王国维的说法，“旦”最初乃是对伎女或妓女的蔑称。但对为什么“宋金之际，必呼妇人为旦”，却没有进一步的考证。

清人吴长元所著《燕兰小谱》中则说：“元院本色目云：旦之命名，义取于‘狚’。盖狐之淫者。狐狸顶骷髅向月而拜，则变为人形。”此说同于翟灏，但翟灏认为“狚”是雌猿，而吴长元认为“狚”是雌狐。吴长元的观点极富启发性，“狐之淫者”一句让我们想起历代关于狐狸精的传说。

“旦”其名最早出自南宋词人周密《武林旧事》一书，此书追忆南宋临

《元曲选》插图『风雨像生货郎旦』，明代臧懋循编，万历时期刊本。

《风雨像生货郎旦》简称《货郎旦》，是一出有名的元杂剧，作者已佚。剧写李彦和娶妓女张玉娥为妾，玉娥不贤，与奸夫合谋，害得李彦和家破妻亡。彦和之子春郎及其奶母张三姑幸免一死，张三姑因衣食无着，将春郎卖与女真贵族拈各千户为子，自己跟随说唱货郎儿艺人，学唱谋生。十余年后，同样死里逃生的李彦和与张三姑巧逢，他听说张三姑以说唱货郎儿为生，认为是“辱没”了他这“有名的财主”，张三姑却凭着说唱货郎儿，带李彦和回到河南府。此时春郎已长大成人，承袭千户之职，一日于驿馆找艺人说唱消遣，得与奶母、生父团聚相认。图中所绘正是春郎与张三姑驿馆相认一幕，在门外张望犹疑的便是李彦和。

“货郎儿”是流行于当时的一种类似于“莲花落”的说唱曲艺。张三姑身为女子，抛头露面，唱曲谋生，虽被李彦和看不起，自己却十分引以为傲。她也是剧中的“正旦”。

安城的风貌，其中记载当时的舞队中有“粗妲”“细妲”的角色。这个“妲”字很奇怪，因为这是殷纣王宠妃妲己的专用字，除了“妲己”的名字之外再未用于别处，而且“妲”字最初的读音就是“旦”。这是一笔非常重要的记载。

日本京都大学藏本、署名六朝时“梁大夫司马李暹”所注的《纂图附音增广古注千字文》，在注“周发殷汤”一句时写道：“乃以碓锉之，即变作九尾狐狸。”这是最早关于妲己乃九尾狐狸化身的记载，由元代话本《武王伐纣书》继承，至明代小说《封神演义》始广为人知。其实，六朝之后的唐代，大诗人白居易的《古冢狐》一诗就已经将妲己和狐狸联系在了一起：“女为狐媚害即深，日长月增溺人心。何况褒妲之色善蛊惑，能丧人家覆人国。”“褒”指周幽王的宠妃褒姒，“妲”即妲己。可见唐宋时早已流传着妲己乃是九尾狐化身的传说。

南宋吴自牧所著《梦粱录》载：“细旦戴花朵肩、珠翠冠儿，腰肢纤袅，宛若妇人。”这是对周密所记的“细妲”角色的补充，“宛若妇人”，可见是男性所扮，同时也印证了王国维“装旦之为假妇人”的观点。明人沈德符所著《万历野获编》则说得更清楚：“旦皆以娼女充之，无则以优之少者假扮。”

考证至此，“旦角”称谓的来历就很清晰了。宋代之所以有“粗妲”“细妲”之称，实是民间将流传已久的妲己乃是九尾狐狸的传说融进了歌舞、戏曲之中，由妖娆的伎女或俊俏的男子来扮演，故有“妲”的角色称谓。元代词曲家夏庭芝所著《青楼集》中说：“凡妓以墨点破其面者为花旦。”以妓出演，更是“妲”的本义，“狐之淫者”，原意就是要让伎女或妓女来扮演丧家亡国的妲己。后人已经不懂得“粗妲”“细妲”的来历，从而将“妲”省写作“旦”，以致再也不知道“旦角”这一称谓的语源了。

市侩
本来不是骂人话

今天如果称呼一个人为“市侩”，那是语感非常重的骂人话。唯利是图的奸商，贪图私利的人，政治上随波逐流、道德上虚假伪善、作风上粗鄙庸俗的人都可以称作“市侩”。这个称谓经历了漫长的演变过程。

“侩（kuài）”是指两伙人之间的中间人或代理人。《说文解字》：“侩，合市也。”三国韵书《声类》：“侩，合市人也。”也就是市场上撮合双方实施买卖的人。

《史记 · 货殖列传》载 ：“子贷金钱千贯，节驵会。”“子”是利息 ；“节”是节制、管理，估定价格 ；“驵（zǎng）”是骏马、好马，“会”即“侩”，“驵侩”就是说合牲畜交易、从中谋利的人。这句话的意思是 ：还有一千贯放高利贷的利息，以及估定价格、促成牲畜交易的掮客。

“驵侩”合指马匹交易的经纪人，后来泛指市场经纪人。“驵”由此引申为马贩子，和“侩”的含义是一样的。上述《史记 · 货殖列传》的引文，司马贞索隐引《淮南子 · 泛论训》“段干木，晋国之大驵”，注云“干木，度市之魁也”。“度市之魁”即估定市场价格的人，也就是中间人，段干木年轻时曾任晋国牲畜交易的首领，因此才这么称呼他。“侩”又称“牙侩”“牙子”“牙人”。“侩”可以指向不同的买卖，比如侩牛是从中撮合牛的买卖，侩豕是从中撮合猪的买卖。

《新唐书 · 食货志》中记载了当时的规定 ：“鬻两池盐者，坊市居邸主人、市侩皆论坐。”在古代中国，盐是官卖品，私人不得贩盐，如果有贩两池盐的，坊市居所的主人和介绍私盐买卖以收取佣金的中间人（即“市侩”）都要连坐受到惩罚。

直到清代，“市侩”一词还只具有社会经济方面的含义，并不是一个贬义词。清人梁绍壬在《两般秋雨庵随笔》中描述当时的风俗：“近俗市侩牙人，俱有别号。”市侩和牙人都是中间人的意思。因此之故，后来市侩也泛指商人，比如林则徐《钱票无甚关碍宜重禁吃烟以杜弊源片》的奏折：“且市侩之牟利，无论银贵钱贵，出入皆可取赢，并非必待银价甚昂然后获利。”这里的“市侩”就泛指商人。

大概因为中间人往往翻手为云覆手为雨、信誉不好的缘故，再后来“市侩”一词开始变味，借指贪图私利、投机取巧的人，一直延续到今天，词义最终固定了下来。

《艳姿士农工商　商》，鸟居清长绘，约一七七九年。

鸟居清长（1752—1815），江户时期浮世绘鸟居派第四代画家，师从鸟居清满，以双联画和三联画的版式闻名。他擅长美人画，并形成自己独特风格，被称为“清长美人”式。“清长美人”大多是年轻已婚女子，她们修长玉立，优雅健美，或宴乐，或春游，或赏樱花，或逐红叶，画面形色丰满明丽，洋溢着富足、愉悦的华美。据称这可能与他衣食无忧的家境有关。“清长美人”对后世浮世绘美人画产生了很大影响。

《艳姿士农工商》是借用“士农工商”题材画的一组美人画，这幅的主题是“商”。画面上两个盛装女子正在廊下边走边交谈，其中一个手拿一卷类似契约或单据的字纸，是在商讨价格还是核对货物呢？“士农工商”出自《管子·小匡》，是中国古代所谓“四民”，商人居末，地位较低。但在日本江户时代，商人却是社会的主要阶层。江户人口于十八世纪前期达到一百万人，其中半数是商人。富裕的商人取代了武士阶层，成为当时流行文化的主导者。浮世绘的繁荣里也体现了商人的趣味。

匆匆
原来是“勿勿”之误

今天人们口语中的“匆匆”一词，是形容急急忙忙的样子。但其实这是一个误用了一千多年的词，原来的用法是“勿勿”。

《说文解字》:“勿，州里所建旗。象其柄，有三游。杂帛，幅半异。所以趣民，故遽称勿勿。”“游”是旗帜的飘带；“杂帛”指杂色的装饰物；“幅半异”指半幅为红色，半幅为白色，商代的正色为白色，周代的正色为赤色，故为半赤半白之色；“趣民”指催促百姓，古代旗帜，纯色代表缓，杂色代表急，因此用“勿”这种杂色旗催促百姓赶紧聚集；“所以趣民，故遽称勿勿”，因为是用来催促百姓的缘故，所以引申而把急遽、匆忙称作“勿勿”。

《礼记·礼器》中说：“洞洞乎其敬也，属属乎其忠也，勿勿乎其欲其飨之也。”这是讲祭祀宗庙时，容貌洞洞然，是恭敬的样子，心中属属然，是忠诚的样子。郑玄注解说：“勿勿，犹勉勉也。”即勤恳不懈的样子，盼望神来享用祭品。这个义项也是从急遽、匆忙引申而来的。

在著名的《颜氏家训》中，颜之推表达过这样的疑问：“世中书翰，多称勿勿，相承如此，不知所由，或有妄言此忽忽之残缺耳。”颜之推当然知道许慎的解释，因为紧接着就用上述许慎的话加以解说。可见今人书信结尾处常用的“匆匆”一词，古时却写作“勿勿”。比如王羲之的《章草帖》：“皇象章草，旨信送之，勿勿，当付良信。”皇象是三国时期吴国的著名书法家；旨信，即书信。这几句话的意思是：皇象的章草作品，用书信寄给您了，此际匆忙，容后闲暇时再派遣好的信使前去。

到唐代的时候，“勿勿”和“匆匆”已经并用。杜牧《遣兴》诗：“浮生长勿勿，儿小且呜呜。”这里用的是“勿勿”，形容浮生之匆遽。“匆匆”则用得非常多，比如牟融《送客之杭》诗：“西风吹冷透貂裘，行色匆匆不暂留。”

“勿勿”为什么会误写为“匆匆”呢？有两种说法，一种出自宋代学者黄伯思《东观余论》：“而今世流俗又妄于勿勿字中斜益一点，读为悤字，弥失真矣。”另一种说法是表示急遽的“悤悤”或“怱怱”一词省写为“匆匆”。因此明代学者杨慎在《丹铅续录》中感叹道：“好古者但知‘勿勿’而笑‘悤悤’，逐俗者又但知‘悤悤’而骇‘勿勿’，皆谓非也，是以学者贵博古而通今也。”

名所江戸百景
大はしあたけの夕立
廣重画

《名所江户百景　大桥安宅骤雨》，歌川广重绘，一八五七年。

《大桥安宅骤雨》是歌川广重的著名作品之一，是《名所江户百景》系列的第五十八幅，描绘的是隅田川新大桥上午后骤雨的情景。江户夏天的阵雨总是突如其来，画家以俯瞰的角度，生动描摹了骤雨中大桥上行人慌乱撑伞披蓑、奔跑闪避的狼狈模样。对岸的安宅被雨雾笼罩，若隐若现。河中一条小船在奋力逆行，桥上的人们无不匆匆赶路。密密的雨线笼罩了整个画面，显出行人试图躲避的徒劳。

《名所江户百景》系列是广重晚年杰作，尤以此幅最受欢迎。梵高曾采用原画比例仿作，绘成《雨中的大桥》；辛波斯卡专为此画写诗《桥上的人们》。雨中匆匆一幕，被广重的妙笔摄取，成为永恒。

闭门羹
竟然是妓女为嫖客做的羹汤

“闭门羹”是指拒绝客人进门。拒绝客人进门还有一杯羹招待，这就有点匪夷所思了。

“羹”是一个会意字，从羔，从美。在古代，羊肉是古人的主要食物，因此用“羔”和“美”会意，表示羊肉的味道鲜美。《说文解字》：“羹，五味和羹也。”“五味”指酸、苦、辛（辣）、咸、甘（甜）五种味道。调和五味做成的带汁的羊肉叫作“羹”，后来煮熟带汁的蔬菜也叫“羹”。不过请注意：这里的“羹”跟汤没有任何关系，是带汁的羊肉或蔬菜，中古以后才把肉或菜调和五味做成的汤叫“羹”。

今天把所有客人上门被拒绝的行为都叫作“吃闭门羹”，但是最初这个词却是专指妓女拒绝接客。

“闭门羹”一词最早出自唐人冯贽所著《云仙杂记》“迷香洞”一条：“史凤，宣城妓也，待客以等差。”这是说宣城名妓史凤是个势利眼，接待嫖客的时候根据客人的地位和财力将客人分为三六九等，接待的规格也不一样。

“甚异者，有迷香洞、神鸡枕、锁莲灯；次则鲛红被、传香枕、八分羊。”这些都是色情行业的专用术语。史凤还把这些服务项目全都写成了诗，而且全都流传了下来，堂而皇之地收录在《全唐诗》之中，现引于下：

《迷香洞》：“洞口飞琼佩羽霓，香风飘拂使人迷。自从邂逅芙蓉帐，不数桃花流水溪。”

《神鸡枕》："枕绘鸳鸯久与栖，新裁雾縠斗神鸡。与郎酣梦浑忘晓，鸡亦留连不肯啼。"

《锁莲灯》："灯锁莲花花照罍，翠钿同醉楚台巍。残灰剔罢携纤手，也胜金莲送辙回。"

《鲛红被》："红被当年仅御寒，青楼惯染血猩纨。牙床舒卷鹓鸾共，正值窗棂月一团。"

《传香枕》："韩寿香从何处传，枕边芳馥恋婵娟。休疑粉黛加铤刃，玉女旃檀侍佛前。"

《八分羊》："党家风味足肥羊，绮阁留人漫较量。万羊亦是男儿事，莫学狂夫取次尝。"

是不是写得很美？

这六等服务项目之外就是最低等的了，也就是书中所云："下列不相见，以闭门羹待之，使人致语曰：'请公梦中来。'"

史凤对待最低等的客人也很客气，不是直接驱逐出境，而是不见面，派妓院工作人员在休息厅里给每个客人端上一杯"闭门羹"，说："请公梦中来。"给客人吃上一杯"闭门羹"是抚慰，但是"请公梦中来"的嘱咐就有些刻薄了。估计史凤是想要耍小幽默。

史凤还把对待最低等客人的行径也写成了一首诗，诗名就叫《闭门羹》："一豆聊供游冶郎，去时忙唤锁仓琅。入门独慕相如侣，欲拨瑶琴弹凤凰。""豆"是高脚的盛食器，由此可知史凤提供"闭门羹"的食器就是"豆"。史凤实在是幽默，她居然在诗中吟咏道："想获得我招待的客人啊，我给您提供一豆羹，您吃了之后就请回吧，离开后我会赶紧吩咐工作人员锁上妓院大门，您就别回头了。"

古人真是风雅，连妓女接客都本着"来的都是客"的原则，不会冷落了客人，即使不能接待你，最低程度也会给你一豆羹吃。可是今天给客人吃“闭门羹”的主人，大门一关了事，或者根本就不开门，或者电话里直接就拒绝了，多么缺乏风度啊！

《二刻拍案惊奇》卷十二插图，明末凌濛初编撰，崇祯五年（一六三二）尚友堂刊本。

凌濛初（1580—1644），字玄房，号初成，别号即空观主人，浙江乌程人，明代文学家、雕版印书家。所著《初刻拍案惊奇》和《二刻拍案惊奇》是最早的文人独立创作的拟话本小说集，与冯梦龙所著《喻世明言》《警世通言》《醒世恒言》合称“三言二拍”，是中国古典短篇小说的代表。

《二刻拍案惊奇》卷十二“硬勘案大儒争闲气　甘受刑侠女著芳名”讲的是宋代天台名妓严蕊的故事。严蕊色艺冠于当时，能诗善词，博古通今，与台州太守唐与正相交甚厚。恰逢朱熹以使节行部至台州，因和唐与正不合，借故把严蕊抓进狱中，百般拷打，意欲叫她招供和唐与正通奸情状。但严蕊“苗条般的身躯，却是铁石般的性子”，坚贞不屈，决不出卖唐与正。画上是朱熹拷打严蕊情景，朱熹一副铁面，正疾书判词，严蕊弱质纤纤，满身镣铐，被兵卒押下。

这个故事源自周密《齐东野语》，经凌濛初改编，突出了朱熹的伪善和阴险。经历牢狱之灾，严蕊放得出来，气息奄奄，几番欲死，将息杖疮。几时见不得客，却是门前车马，比前更盛。人们佩服她的侠义，严蕊声价腾涌，直达京师。朱熹改官后，继任者岳霖怜严蕊病瘁，使其脱籍从良。这个“不是爱风尘，似被前缘误”的女子终有了满意归宿。

买春
本来就是指去买酒

台湾地区有一媒体曾经播送过一则题为《“买春”的意思是买酒？》的报道，其中写道：“‘买春’是什么意思？台湾地区教育主管机构在线辞典再次‘教育’网友们，说‘春’是酒名，因此买春就是买酒。老师和学生家长说，如果小朋友这样理解的话，可能跟别人说‘我们去买春’。”

这则报道暴露出记者的极度无知。“买春”一词在今天的语境中是指花钱购买性服务，只能说是道德堕落的表现。“买春”这个优雅的古代词语竟然被现代人抹黑成了嫖娼，不知道是今人的悲哀还是古人的悲哀。

“买春”一词出现于唐代，果然就是买酒的意思。晚唐诗论家司空图所著《二十四诗品》“典雅”一条列出了以下堪称“典雅”的诗境：“玉壶买春，赏雨茅屋。坐中佳士，左右修竹。白云初晴，幽鸟相逐。眠琴绿阴，上有飞瀑。落花无言，人淡如菊。书之岁华，其曰可读。”其中“落花无言，人淡如菊”早已成为流行语。

关于“玉壶买春”，语言学家郭绍虞先生解释得非常清楚，原文明白如话，照录于下：“春有二解：《诗品注释》：春，酒也。唐《国史补》：酒有郢之‘富水春’，乌程之‘若下春’，荥阳之‘上窟春’，富平之‘石东春’，剑南之‘烧春’。此一义也。杨廷芝《诗品浅解》：春，春景。此言载酒游春，春光悉为我得，则直以为买耳。孔平仲诗：‘买住青春费几钱。’杨万里诗：‘种柳坚堤非买春。’此又一义也。窃以为二说皆通。”

除了这两个义项之外，“买春”还有两个义项。其一为“买春钱”，指

无题，歌川丰国绘，约一七九三年。

歌川派是江户时代浮世绘界的最大流派。日本浮世绘界自十八世纪直至今日，均深受歌川派的影响。始祖歌川丰春，因生于神奈川县伊势原市歌川村，故取名为歌川。歌川丰国（1769—1825）是丰春的得意门生之一，本名仓桥熊吉，号一阳斋，以“役者舞台之姿绘”系列而声名鹊起。著名的歌川国贞和歌川国芳都是初代丰国的弟子。

这幅画描绘的是歌舞伎名剧《助六由缘江户樱》中的场景，情节源于日本三大复仇事件之一的“曾我兄弟复仇事件”。背景是樱花盛开的吉原。黑衣持伞的年轻男子是打扮成游冶郎花川户助六的曾我五郎，旁边与他低语的女郎是他的情人花魁扬卷。树下一个卖酒的女子歇担坐下来招徕生意，木桶中是一瓶瓶美酒。按剧情，“她”应是曾我五郎的兄弟假扮的。如果不论故事背景，单从画面来看，倒是一幅很美的情人约会买酒赏春图。

科举考试时亲友给落选者提供的酒食费，冯贽《云仙杂记》载：“进士不第者，亲知供酒肉费，号买春钱。”其二指清代春天的一种娱乐游戏，正如白话短篇小说集《豆棚闲话》中的描写：“有爱听南腔的，有爱听北腔的，有爱看文戏的，有爱看武戏的，随人聚集，约有万人。半本之间，恐人腹枵散去，却抬出青蚨三五十筐，唤人望空洒去。那些乡人成团结块，就地抢拾，有跌倒的，有压着的，有喧嚷的，有和哄的，拾来的钱，都就那火食担上吃个餍饱，谓之买春。”“腹枵（xiāo）”，肚子饿；“青蚨（fú）”是一种水虫，分为子母，以血涂钱，因为子母相吸的缘故，花出去的钱还可以再飞回来，于是用作钱的代称。这段“买春”的描述是演社戏场景的生动写照。

可见，“买春”一词在古代从来没有今天的下流意思。那位记者不去批判今天的“买春”现象，却拿今人之心度古人之腹，真乃无知者无畏啊！

买路钱
原来是出丧时撒的纸钱

“买路钱”这个日常俗语，今天的意思是盗贼拦截商旅，以买路为名索要钱财。旧话本小说和戏曲中常见这样的场景。但是，鲜为人知的是，“买路钱”一词却从出丧而来。

《礼记·檀弓下》载：“季子皋葬其妻，犯人之禾，申祥以告曰：‘请庚之。’子皋曰：‘孟氏不以是罪予，朋友不以是弃予，以吾为邑长于斯也，买道而葬，后难继也。’”

高柴是孔子的弟子，又称季子皋，担任鲁国孟氏家族的封地成邑的长官。高柴的妻子死后，出葬时他踩踏了地里的禾苗。申祥劝他赔偿，高柴却说：“孟氏不会因为这件事而加罪于我，朋友不会因为这件事而离弃我，因为我是成邑的长官。如果我掏钱赔偿，买道而葬，太过清廉，那么后人就难以继承这种作风。”这当然是高柴的强词夺理，因此郑玄评价他“恃宠虐民”。

这就是“买道”一词的出处。明人田艺蘅所著《留青日札》有“买路钱”一条，其中写道：“今人出丧，柩行之道，于前抛金银纸钱，名曰买路钱，即高季买道之遗意也。”不过这个意义上的“买路钱”和高柴的“买道而葬”显然不同，乃是取一个彩头，为过世的亲人买路，求得在黄泉路上平安通过之意。

元杂剧《包龙图智赚合同文字》第一折《那吒令》中写道：“念不出，消灾的善言；烈不得，买路的纸钱。”“烈”是焚烧的意思，可见元代时“买路钱”仍是指纸钱。

清人翟灏所著《通俗编》中又提供了另外一种说法：“按《日本考》：凡殡出，殡前设香亭一座，名曰设孤台，令一人在前撒铜钱而行，名曰买路钱，任其贫乞者拾之，似此俗又自日本流及中国矣。”其实日本此俗仍然自中国而出。

随着词义的演变，“买路钱”的本义渐渐消失，同时因为强盗拦路劫取商旅财物的行径跟“买路”实在太过相像，后人于是就用“买路钱”来形容这一行径。“买道而葬”“买路的纸钱”，这个有趣的词源从此再也不为人所知了。

《精镌合刻三国水浒全传》卷首版画插图『假李逵剪径劫单人』，明代罗贯中、施耐庵撰，李贽批，明末雄飞馆刊本。

《精镌合刻三国水浒全传》又称《二刻英雄谱》，是将《三国演义》和《水浒传》二书合刊，以为双美合璧。全书共二十卷，书页上栏刻《水浒传》，下栏刻《三国志演义》，卷首附精美版画和图赞一百叶，其中《水浒传》图三十八叶，前图后赞，刻印细腻传神。

李逵是《水浒传》中的重要人物，生得粗壮黝黑，绰号“黑旋风”。他臂力过人，善使一双板斧，个性率直鲁莽，是典型的梁山好汉。画面上的情节出自《水浒传》第四十二回“假李逵剪径劫单人 黑旋风沂岭杀四虎”。李逵上梁山后，思母心切，特地回家去接老母亲。不料路遇李鬼扮成“李逵”剪径（即劫道），扬言“你留下买路钱并包裹，便饶了你性命”。李逵大笑，一刀将其“搠翻在地”。李鬼谎称家中有九十老母，被李逵放走。后来李逵路过李鬼家，发现李鬼不仅所言不实，还企图害他，终究取了他性命。

这个颇具喜剧色彩的“真假李逵”故事流传甚广，乡间小儿游戏时也会模仿李鬼劫道，大喝一声：“要想从此过，留下买路财！”

光棍
为何比喻单身汉？

“光棍”的称谓共有三个义项：地痞流氓，单身汉，好汉或聪明人。这个称谓到底是怎么来的？为什么会有这三个义项？各种辞典都没有解释清楚，甚至给出了望文生义的可笑释义，比如刘瑞明先生在《性文化词语汇释》一书中将其解释为：“‘光棍’是指很光的棍，是把树枝的表面的皮去掉了。表面的皮是‘面皮’，再歧解成‘脸皮’。‘没有脸皮’指不要皮脸，这样的人就是地痞、流氓。”然后又解释为何指单身汉：“‘光’是‘只有’的意思，‘棍’比喻男阴，只有男阴，即无女阴而指无性事。”中国台湾《重编国语辞典修订本》的释义则为：“因棍为修长形，和人的躯干形似，故称为‘光棍’。”

这些解释都属于典型的望文生义，没有任何文献支持。其实，“光棍”的词源，清末民初的著名学者章太炎先生所著《新方言》一书中早就解释得清清楚楚。

《礼记·王制》中写道：“少而无父者谓之孤，老而无子者谓之独，老而无妻者谓之矜，老而无夫者谓之寡。”孤、独、寡三个字的含义都很明白，但是为什么“老而无妻者谓之矜”呢？

原来，“矜”的本义是戈矛的柄，矛柄最长，直立于地。扬雄在《方言》中记录了当时人的称谓，其中有“矜谓之杖”之语。将老人的手杖称作“矜”，正是由“矜”的本义引申而来。年老之后，只有一根手杖可以扶，而没有老伴在旁边帮助，因此“矜”又引申为“怜”，形容老而无妻者的可怜。这就是“老而无妻者谓之矜”的由来。《诗经·小雅·何草不黄》中有“何草不玄，何人不矜”的诗句，意思是：哪种草不凋零？哪个男人不单身？吟咏的是在外服劳役的男人的悲苦生活。

“矜”是古字，随着文字的发展，后人又造出一个“鳏”字来替代“矜”，即鳏夫，同样用来称呼老而无妻的男人，读音都是 guān。宋代之后，市民阶层的通俗文化发达，民间开始使用“棍”字来替代更为古雅的“杖”，因此章太炎先生说：“今人谓杖为棍，即‘矜’字之变矣。”

而“光棍”一词则来自治水的大禹的父亲的名字“鲧（gǔn）”。从字形上看，“鲧”和“鳏”都是鱼类，但其实不然，这两个字都是“矜”的通假字。据《左传·文公十八年》，上古时代有四位恶人，称作“四凶”，分别是浑敦、穷奇、梼杌、饕餮，后来被帝舜流放到四裔的边荒之地。

四凶之一的梼杌，西晋学者杜预考证说就是鲧。古人即名表德，取的名就表示这个人的德行。比如夏代的暴君“桀”，“贼人多杀曰桀”；商代的暴君“纣”，“残义损善曰纣”。这都是后人给他们取的谥号。“鲧”也不例外。那么什么是“梼杌”？“梼（táo）”是断木，“杌（wù）”指树木无枝，“梼杌”即砍削得非常干净、光滑没有枝条的断木。《左传》描述梼杌“不可教训，不知话言，告之则顽，舍之则嚚，傲很明德，以乱天常”。“嚚（yín）”指愚蠢而顽固之貌。一根光滑的断木，听起来就令人胆寒。

章太炎先生就此得出结论：“古谓凶人曰梼杌，今谓凶人曰光棍，其义同也……所谓梼杌，光棍也，古今语正自不异。又今人亦谓无室家者为光棍，则正无妻为矜之义，训诂、声音皆同。”

这就是“光棍”这一称谓的辗转由来，“光棍”正是“梼杌”的俗称，而且极其形象，最初用来称呼凶人，《大清律例》中屡屡有将光棍斩立决的法条，等同于杀人放火之罪。称单身汉为“光棍”，则正如章太炎先生所说

"无妻为矜之义"，由"鳏"是"矜"的通假字引申而来。

"光棍"这个称谓的变迁史证明了文化是有记忆和传承的，即使是一个民间俗语，也隐藏着远古时期的文化密码，绝不能想当然地、自以为是地、望文生义地加以解释。

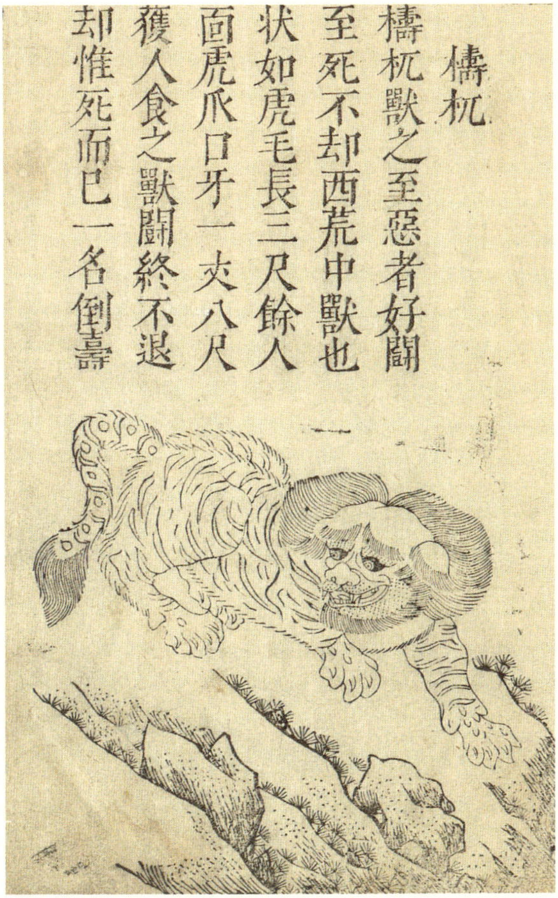

《三才图会》鸟兽卷四《兽类・梼杌》，明代王圻、王思义撰辑，万历三十七年（一六〇九）原刊本。

《三才图会》又名《三才图说》，是明代文献学家、藏书家王圻（1530—1615）及其子王思义撰写的百科式图录类书，共一百零六卷，分为天文、地理、人物、器用、鸟兽、草木等十四个门类，汇集诸家书中有关天地诸物的图像，取材广博，卷帙浩繁，图文并茂，是明代绘图类书中的佼佼者。

该书收录的内容中不乏想象或神话中的事物，比如收在鸟兽卷中的“梼杌”。画上题曰：“梼杌，兽之至恶者，好斗，至死不却。西荒中兽也。状如虎，毛长三尺余，人面虎爪，口牙一丈八尺。获人，食之。兽斗终不退却，惟死而已。一名倒寿。”

梼杌还有两个别名——“傲狠”和“难训”，从这两个名字就可见此兽之凶残了。插图中梼杌的状貌与古书的描绘吻合，阔口环眼，凶光外露。

红口白牙为何比喻说瞎话？

由嘴和牙（舌）组成的中国民间俗语数量极多，比如：红口白牙、红口白舌、赤口白舌、红嘴白牙、空口白牙、赤口毒舌等。还有包括唇、齿系列在内的成语和日常俗语，这都深刻地反映了言语活动在人们日常生活中的重要作用。

南宋吴自牧所著《梦粱录》载："（五月）杭都风俗，自初一日至端午日……以艾与百草缚成天师，悬于门额上，或悬虎头、白泽，或士宦等家以生朱于午时书'五月五日天中节，赤口白舌尽消灭'之句。此日采百草或修制药品，以为辟瘟疾等用，藏之果有灵验。"

端午节又称"天中节"。古人认为五月是毒月，端午后天气转热，而端午这一天是阳气最盛的一天，所以要蓄药以辟除毒气。自古以来，端午节的风俗极多，吴自牧所记乃是杭州城的习俗。"白泽"是传说中的神兽，和虎头一起悬挂。"赤口"本来指善于进谗言诋毁别人的小人之口，比如陆游有诗"赤口能烧万里城"，后来就把主口舌争讼的恶神称作"赤口"或"赤口白舌"。随宋室南渡的诗人储泳在《祛疑说》中载："赤口，小煞耳。人或忤之，率多斗讼。"

与吴自牧同时期的周密所著的《武林旧事》也有类似的记载："（端午）又以青罗作赤口白舌帖子，与艾人并悬门楣，以为禳禬。""青罗"指青色的丝织品，"艾人"是用艾草扎成的草人，"禳禬（ráng guì）"指为消灾除病而举行的祭祀活动。

在端午节祈祷“赤口白舌尽消灭”，不仅意味着将此恶神阻挡在外，同时也意味着祈祷家人不要互相争吵，避免恶毒的言语之争。“赤口白舌”即是嘴、牙系列俗语的最初形态，既为端午节的风俗所专用，因此又转化为以上所列举的其他各种形态。但不管怎么转化，嘴（口）仍然用“赤”或“红”来形容，舌（牙）仍然用“白”来形容，亦为真实写照。即使是直到今天还在广泛使用的“空口白牙”一词，“空口”仍然由“赤口”转化而来，因为“赤”本来就有空、尽的意思。

如同“赤口白舌”一样，这一系列转化而来的俗语都是贬义词，核心的贬义成分即说瞎话，胡言乱语。比如《红楼梦》第九十八回“苦绛珠魂归离恨天 病神瑛泪洒相思地”：“宝钗道：‘果真死了，岂有红口白舌咒人死的呢！’”今天嘴、牙这一系列日常俗语还是这样的用法，核心的贬义成分从来没有改变过。

孙温，字润斋，河北丰润（今唐山市丰润区）人，生卒年说法不一，只知他历经嘉庆、道光、咸丰、同治、光绪等数朝，至《红楼梦》绘本完成时已七十三岁。这套《红楼梦》画册由孙温、孙允谟耗时三十六年精心绘制而成，孙温是主要构思绘制者。全本共二十四册，推篷装，总计二百三十开，工笔重彩，不厌其烦地描绘了大观园全景及整个《红楼梦》故事，情节详尽，笔法精细，设色妍丽，篇幅宏大，为清代同题材绘画作品所仅见，被誉为“红楼瑰宝”。

这幅画上的情节出自《红楼梦》第七十七回“俏丫鬟抱屈夭风流 美优伶斩情归水月”。事情发生在抄检大观园之后。王夫人因晴雯生得好，嫌她轻浮，又兼前番袭人告密，且王善保家的也趁机进谗言，王夫

《全本红楼梦·俏丫鬟抱屈夭风流》，清代孙温、孙允谟绘，绢本设色，旅顺博物馆藏。

人认定晴雯“勾搭宝玉”，亲自到怡红院发作，将晴雯撵了出去。可怜“晴雯四五日水米不曾沾牙，恹恹弱息，如今现从炕上拉了下来，蓬头垢面，两个女人才架起来去了”。王夫人接着又对其他丫鬟发作。宝玉见王夫人“雷嗔电怒”，“所责之事皆系平日之语，一字不爽”，“虽心下恨不能一死，但王夫人盛怒之际，自不敢多言一句，多动一步”。

晴雯被撵出去后很快病逝，死前还后悔空“担了虚名”。她“心比天高，身为下贱。风流灵巧招人怨”。众人红口白牙，都道她是狐狸精。倒是灯姑娘人虽不堪，却说了几句公道话：“谁知你两个竟还是各不相扰。可知天下委屈事也不少。如今我反后悔错怪了你们。”

寻常
本来是度量单位

很多人都不知道，“寻”和“常”都是古代的度量单位。最早的度量方法是伸开双臂，双手之间的距离称作一寻，一寻乃八尺。同样的度量单位还有“仞”，一仞也是八尺。古书中常常形容高山为“万仞”，读者朋友们可以自行换算一下高度。

刘熙所著《释名·释兵》中说：“八尺曰寻，倍寻曰常。”也就是说，常是寻的两倍，即一丈六尺。汉语中有一个反义同词现象，即一个词既可指正面，又可指反面。“寻”“常”连用就是这样，既可以形容短或小，又可以形容长或多。《左传·成公十二年》载：“诸侯贪冒，侵欲不忌，争寻常以尽其民。”杜预注解说：“言争尺丈之地，以相攻伐。”杨伯峻注解说：“寻常意谓尺寸之地。”《国语·周语下》载：“其察色也，不过墨丈寻常之间。”韦昭注解说：“五尺为墨，倍墨为丈；八尺为寻，倍寻为常。”以上两例中的“寻常”一词都是形容短或小。《淮南子·主术训》中说：“故君人者，其犹射者乎，于此毫末，于彼寻常矣。”这是说治理国家的君主就像射手一样，瞄准发射时的毫末之差，都会造成八尺以上的误差。这里的“寻常”一词又用来形容长或多了。

因为“寻”和“常”是使用最普遍的度量单位，所以“寻常”一词引申为平常、普通的义项，比如刘禹锡“旧时王谢堂前燕，飞入寻常百姓家”的名句；同时“寻”和“常”又是经常使用的度量单位，因此又引申出经常、平时的义项，比如杜甫“岐王宅里寻常见，崔九堂前几度闻”的名句。

《晓关舟挤图》，明代袁尚统绘，纸本设色，北京故宫博物院藏。

袁尚统（1570—1666后），字叔明，苏州吴县人，九十余岁尚在世。职业画师，当时不为人所重，故画史记载甚少。擅画山水、人物，山水浑厚，人物野放，颇得宋人笔意。喜绘风俗题材，重情节描写，富有生活气息。

此轴描绘城关破晓之时，各种进城谋生的船只拥挤在狭窄的水门争渡的热闹场面。作品取材于苏州阊门实景。阊门始建于春秋，明清时为水路交通要津。阊门内外是当时苏州城第一等富贵繁荣之地。水道正中，一位显贵的官船正欲出城，和忙于进城的四乡小贩的群舟争道。官宦站立船头，颐指气使，正喝令让路，但急于进城谋生的众商贩毫不相让，船夫争先恐后用力撑竿，狭窄的水门顿时拥堵不堪，气氛十分紧张，仿佛能听到喧嚣吵闹之声。

画家擅长处理画面的虚实、露藏关系。城门上晨雾迷漫，远处隐约可见北寺塔的尖顶。空间开阔，云水相隔，笔墨简练，意境优美深邃。开阔的远景与晓关舟船咫尺相争、分寸不让的近景形成意味深长的对比。

乔装
原来是踩高跷的表演

在汉语词汇库中，“乔装”或“乔装打扮”是一个非常令人费解的词。“装”本来写作“妆”，这很容易理解，化妆、妆扮，引申为假装。那么“乔”指什么？为什么可以和“妆（装）”组合在一起，形容假装、改扮（乔装），或者形容改变服饰、面貌，进行伪装，隐藏真实身份（乔装打扮）？

“乔”的繁体字是“喬”，这个字很有意思。《说文解字》的释义为“乔，高而曲也”，并举《诗经·国风·汉广》中“南有乔木”的诗句为例。但乔木乃是高大挺直的树种，主干尤其笔直，为什么说乔木的上部弯曲呢？因此，这个解释不通。

“乔”的金文字形是认清其本义的一把钥匙：从止从高，“止”是脚，“高”是城楼，因此“乔”会意为人登上高楼。谷衍奎所编《汉字源流字典》则释义为：“金文从止（脚），从高，会踩高跷之意。篆文改为从夭（低昂起舞之人），从高省，也是表示高高地踩高跷舞蹈的意思。”这个解释也不正确，踩高跷的人踩的明明是两根带有木托的长木，可不是一座高高的城楼！

“乔”的本义是人登上高楼，顺理成章地引申为高的意思。由于人登高的举动跟踩高跷的动作极为相似，因此又顺理成章地把踩高跷的人称作“乔人”。《山海经·海外西经》载：“长股之国在雄常北，被（披）发，一曰长脚。”晋代学者郭璞注解说：“或曰有乔国，今伎家乔人，盖象此身。”也就是说，至迟到晋代，已经把民俗活动中踩高跷的人称为“乔人”。清代学者吴任臣进一步解释说：“乔人，双木续足之戏，今曰躧蹻。”清代将乔人称作“躧（xǐ）蹻”，“躧”是踩、踏之意，“蹻”通“跷”，正是高跷的古称。

郭璞还写道：“或曰长脚人常负长臂人入海中捕鱼也。”这句话牵涉到踩高跷这一技艺的由来，很有可能是生活在海边的渔民在浅海处捕鱼时，绑扎着长木跷，手持长木杆的形象写照。

踩高跷的技艺早在春秋时期就已经出现，不过那时的表演者还不叫“乔人”。《列子·说符》记载：“宋有兰子者，以技干宋元。宋元召而使见。其技以双枝，长倍其身，属其胫，并趋并驰，弄七剑迭而跃之，五剑常在空中。元君大惊，立赐金帛。”宋元君见到的高跷艺人非但能够踩着双木趋驰自如，竟然还可以双手抛接七把剑，真是眩人眼目！

南宋时期的《西湖老人繁胜录》一书记录了都城临安市民的游艺活动以及各类艺人的姓名和事迹，其中著录的杂戏有“乔谢神、乔做亲、乔迎酒、乔教学、乔捉蛇、乔焦锤、乔卖药、乔像生、乔教象”等名目，显然，这些杂戏都是踩着高跷进行的表演，南宋末人吴自牧所著《梦粱录》称之为“踏跷”。

众所周知，表演踩高跷时，踩高跷的人还要装扮成各种角色，而且以渔翁、媒婆、傻公子、小二哥、道姑、和尚等下九流人物为主，这是为了扮相滑稽，逗笑取乐，博观众欢心，正如吴自牧的描述：“村落野夫，罕得入城，遂撰此端，多是借装为山东、河北村叟，以资笑端。”

正是由乔人表演的踩高跷之戏，“乔”才引申出假装、改扮的意思。吴自牧描述说杂剧中有专门的角色“发乔”，即假装憨愚之态。这就是所谓“乔妆”或曰“乔装”。

“乔妆”的角色既然都是下九流，可想而知“乔装”之人不仅扮相滑稽，而且表演的还都是这些人物日常生活中令人憎恶的品行，这才能够引人发笑。因此“乔”在宋、元时期就变成了一个詈词，凡骂人坏者皆称为“乔”。

刘福根先生在《汉语詈词研究》一书中总结道："'乔'是一个含义宽泛的詈词，随文有坏、古怪、虚假、恶劣、刁滑等。《夷坚丙志》卷十四'黄乌乔'：'邑人以其色黑而狡谲，目之曰乌乔。'《合汗衫》四折：'母亲，你好乔也，丢了一个贼汉，又认了一个秃厮那。'"此外还有"乔才""乔男女"等詈词。

综上所述，"乔妆""乔装"和"乔装打扮"都是由踩高跷的表演而来，因此即使在今天，这些词仍然含有轻微的贬义成分在内，与"乔"用于骂人一脉相承。

《杂剧卖眼药图》，南宋佚名绘，绢本设色，北京故宫博物院藏。

这是为宣传杂剧而绘制的广告性质的册页，所绘内容是杂剧《眼药酸》中的一幕场景。宋代官本杂剧剧名中加“酸”字的，多以不通人情世故的落魄文人为嘲弄对象。图中两个角色皆造型夸张。左边一人头戴黑色高帽，身背布袋，上身前倾，手捏一瓶药膏正在推销。这个角色显然是一位眼科郎中，不仅帽子、布袋上都装饰着眼睛图案，浑身上下更是挂满大大小小数十只眼睛幌子。右边一人腰插一柄破扇子，手臂刺青，手指右眼，示意有眼病，像是一个插科打诨的角色。

《东京梦华录》载，宋代“士农工商，诸行百户，衣装各有本色”，“其卖药卖卦，皆具冠带，至于乞丐者，亦有规格”。装饰有眼睛图案的服饰大概便是当时眼科郎中的“衣装本色”了，当然戏剧表演中未免更夸张些。不知在剧中，这位满身招幌、走街串巷的游医身上发生了什么滑稽故事呢？

过街老鼠
原来是“过街兔子”之误

俗话说“过街老鼠，人人喊打”，这句话说起来很痛快，但是仔细一想问题就出来了：第一，老鼠与人相伴而生，有人的地方就一定会有老鼠，老鼠不过是小打小闹，对人类的危害远不至于“人人喊打”的程度；第二，老鼠怕人，体型又小，过街的时候一溜烟儿就跑过去了，哪里能够人人都看见从而喊打呢？

清代学者翟灏所著《通俗编》一书给出了一个合理的猜想：“《慎子》：‘一兔过街，百人逐之。’按，流俗有过街老鼠语，似承此而讹。”慎子是战国时期法家思想的代表人物，他所著的《慎子》一书大多已失传，不过《吕氏春秋·慎势》中记载了一则非常有趣的逸闻，用浅显的话讲述了一个简单的道理。

“慎子曰：‘今一兔走，百人逐之，非一兔足为百人分也，由未定。由未定，尧且屈力，而况众人乎？积兔满市，行者不顾，非不欲兔也，分已定矣。分已定，人虽鄙，不争。故治天下及国，在乎定分而已矣。’”

慎子这段话的意思是说：如今有一只兔子在奔跑，上百人在后面追赶，这并不是因为一只兔子能够为一百个人所分，而是因为这只兔子无主，所有权尚未确定的缘故。在这种情况下，连尧这样的圣人尚且会去尽力追逐，更何况众人呢？市场上堆满了兔子，但过路的人一眼都不去看，这并不是因为他们不想要兔子，而是因为这些兔子的名分已定，已经有主了。名分已定，人们即使再贪婪也不会去争。因此治理天下和国家，就在于定名分

《月百姿　玉兔　孙悟空》，月冈芳年绘，一八八九年。

《月百姿》系列是一部以月亮为主题的大型锦绘合集，共一百幅，于1885—1892年间分批出版，取材自日本和中国的逸事、历史和神话，描绘了月亮的千态百姿。该系列优美抒情，乃芳年的晚年代表作。

这幅描绘的是《西游记》里孙悟空擒玉兔的故事。玉兔本应在月殿广寒宫中陪伴嫦娥，日夜捣药，却逃至下界为妖，摄藏了天竺国的公主，自己变成公主模样，设计招唐僧为驸马，诱取唐僧的元阳。后被孙悟空识破，几番激战，玉兔不敌，最终太阴星君降临，把玉兔收走。画面非常饱满，一轮圆月的明光之中，玉兔现了原形逃跑，孙悟空手持赤红金箍棒紧追，眼看玉兔插翅难逃。

而已。

“一兔走，百人逐”不是比“过街老鼠，人人喊打”更形象、更具合理性吗？翟灏“流俗有过街老鼠语，似承此而讹”的猜想很有道理。后来大概人们觉得“百人逐兔”的场景未免过于不雅，将人类逐利的本性表现得淋漓尽致，因此才将兔子换成更常见的老鼠，同时又将“逐兔”的情节偷换为打老鼠，遂演变成今天这个俗语。老鼠被赋予了害人的色彩，替代了“一兔走，百人逐”对人类逐利的刻薄嘲讽。

杜撰
竟然真的是姓杜的所撰写的

《红楼梦》第三回“贾雨村夤缘复旧职　林黛玉抛父进京都”中，宝黛初见，宝玉笑道：“我送妹妹一妙字，莫若‘颦颦’二字极妙。”探春便问出处，宝玉道：“《古今人物通考》上说：‘西方有石名黛，可代画眉之墨。’况这林妹妹眉尖若蹙，用取这两个字，岂不两妙！”探春笑道：“只恐又是你的杜撰。”宝玉笑道：“除《四书》外，杜撰的太多，偏只我是杜撰不成？”

有人开玩笑，说是老师提问：“杜撰是什么意思？”同学回答：“就是姓杜的撰写的！”各种辞典中对“杜撰”的解释则是：没有根据地编造，虚构。但是“杜撰”这个词的词源却真的来自一位姓杜的人！

杜默，北宋诗人，字师雄，和石延年、欧阳修并称“三豪”：石延年豪于诗，欧阳修豪于文，杜默豪于歌。他曾送给同时期的散文家石介一首《六字歌》，可见其“豪”所在：“仁义途中驰骋，诗书府里从容。头角惊杀虾蟹，学海波中老龙。爪距逐出狐兔，圣人门前大虫。推倒杨朱墨翟，扶起仲尼周公。一条路出瓮口，几程身在云中。水浸山影倒碧，春着花梢半红。”还有一首送给欧阳修的诗，写道：“一片灵台挂明月，万丈词焰飞长虹。乞取一杓凤池水，活取久旱泥蟠龙。”堪称豪气冲天。可是有人却说此诗后两句重复了一个“取”字，杜默则声称不能死守格律，诗贵在意境，不能以词害意。

南宋王楙所著《野客丛书》列有“杜撰”一条：“杜默为诗，多不合律，故言事不合格者为‘杜撰’。”大概杜默的诗过于豪放、不注重格律的缘故，才有这样的讥讽之辞。

不过也有不同的说法，最流行的说法是“杜撰”这个词源起于唐末道士杜光庭。清人吕种玉所著《言鲭》中说：“道家经忏俱杜光庭所撰，多设虚诞；杜默为诗多不合律，引用无据。故云杜撰。”翟灏所著《通俗编》也说：“《道藏》五千余卷，惟《道德经》二卷为真，余皆蜀道士杜光庭所撰，故曰杜撰。”

不管是杜默还是杜光庭，“杜撰”一词的词源乃“姓杜的人所撰写”；至于胡编乱造的意思，是渐渐引申而来的。

《全本红楼梦·意绵绵静日玉生香》，清代孙温、孙允谟绘，绢本设色，旅顺博物馆藏。

这幅画的是《红楼梦》第十九回“情切切良宵花解语　意绵绵静日玉生香”。两道围墙将画面分为三个部分，表现了三个情节。

这一回发生了不少故事。图右画的是宝玉无事闲逛，在小书房内撞见茗烟与丫鬟卍儿偷情一事。之后茗烟带宝玉去了袭人家（图中间远景所绘情节），晚间袭人借题发挥，痛下箴规，劝宝玉好好读书。图左画的是次日中午宝玉去黛玉房中探视，二人在榻上嬉闹了一会儿，宝玉顺口胡编了林子洞耗子精的故事，黛玉听了翻身爬起就要拧宝玉的嘴。正说笑间，宝钗走了过来。

宝玉初见黛玉时所说的黛石“可代画眉之墨”倒并非杜撰。明人徐昌祚《燕山丛录》载：“宛平西斋堂村产石，黑色而性不坚，磨之如墨。金时宫人多以画眉，名曰眉石，亦曰黛石。”不过这一回与黛玉嬉闹时说的耗子精的故事可着实是杜撰的了。此时元春省亲已过，大观园迎来一段平静时光。两个小儿女于情事似懂非懂，天真无猜，笑闹不避，画面十分美好。

兔崽子
原来是对男妓的蔑称

“兔崽子”这句骂人话，如今更多用来骂讨人嫌的男孩儿，或者骂人卑贱，有时对极端仇恨的成年人也使用这个詈词。兔子明明是一种非常可爱的动物，为什么偏偏被拿来骂人呢？

原来，从宋代开始，兔子就是妓女的隐语，到了明代，一转而指称男妓，顺理成章地，在清代，“兔崽子”这个称谓也开始作为男妓或娈童的隐语。

南宋陈元靓所著《事林广记续集》卷八“文艺类”《绮谈市语》收录了当时市民阶层流行的各类切口，其中写道：“娼妇，妓者；水表，姐老。”“水表”和“姐老”都是妓女的隐语，“水表”的“表”后来写作“婊”，含义就更加明确了。

南宋时期，蹴鞠（cù jū，类似今天的足球运动）艺人们成立了专门的组织，称作“圆社”，《圆社锦语》一书就是记载蹴鞠行业隐语行话的集子，其中就称娼妓为“水表”，与《事林广记续集》的记载一致。这一称谓一直延续到明代，元末明初无名氏所著《墨娥小录》中“行院声嗽”一章也收录了这一称谓：“水表：兔儿。”也就是说，元、明时期还把娼妓称作“兔儿”。

为什么把两者联系起来呢？原来，这与古代中国对兔子习性的错误认识有关。

对兔子习性的错误认识最早可以追溯到东汉学者王充所著的《论衡》，在《奇怪篇》中，王充写道：“兔吮毫而怀子，及其子生，从口而出。”西晋张华所著《博物志》则写道：“兔舐毫望月而孕，口中吐子。旧有此说，余目所未见也。”传说雌兔舔舐雄兔的毫毛，望着月亮就可以受孕，然后从口中生出幼兔。张华很诚实地说自己并没有亲眼见过这种景象。

从此之后，这一荒诞不经的传说竟然就成了定论。北宋学者陆佃在《埤雅》一书中集其大成："兔口有缺，吐而生子，故谓之兔。兔，吐也。旧说兔者明月之精，视月而孕，故《楚辞》曰'顾兔在腹'，言顾兔居月之腹，而天下之兔望焉，于是感气。"更有甚者，陆佃还说："咀嚼者九窍而胎生，独兔雌雄八窍。"意思是兔子只有八窍，因此只能从口中生子。

对兔子习性的这一错误认识导致古人认为兔子血统不纯正，博学如苏东坡甚至也认为"野人或言兔无雄者，望月而孕"，于是兔子就被比附为"不夫而妊"的妇女。

元末明初学者陶宗仪所著《南村辍耕录》卷二十八记一富家，"家富饶，田连阡陌，宗族虽盛衍，而子孙多不肖"，于是郡人戏题一律："兴废从来固有之，尔家忒煞欠扶持。诸坟掘见黄泉骨，两观番成白地皮。宅眷皆为撑目兔，舍人总作缩头龟。强奴猾干欺凌主，说与人家子弟知。"所谓"撑目兔"，就是指兔子望月。"撑目兔"和"缩头龟"对举，可见乃是讽刺这户人家的女眷尽皆淫乱。因此陶宗仪总结道："夫兔撑目望月而孕，则妇女之不夫而妊也。"

就是基于对兔子习性的这一错误认识，古人才将"不夫而妊"的女性比之于兔子，而娼妓则首当其冲，此即宋、元、明时期称其为兔儿、兔子的来龙去脉。而男伶或娈童"将男作女"，恰似无雄之兔，因此从明代开始，"兔子"一变而为其隐语。比如冯梦龙所著《情史·情外类》有"万生"一条，记万生喜欢一位姓郑的男孩儿，而"邑少年以为，是兔子者，而亦狡童耶"，因此嘲笑万生。

作为骂人话，"兔崽子"的语感比"兔子"更重。男妓或娈童通常都为年轻男子，因此添加了一个“崽”。吴趼人所著晚清四大谴责小说之一的《二十年目睹之怪现状》第八十三回，描写两湖总督侯制军的学生、武昌巡抚言中丞为了巴结老师，答应将女儿许配给侯制军的男宠朱阿狗，结果言夫人大怒，痛斥丈夫：“你便老贱不拣人家，我的女儿虽是生得十分丑陋，也不至于给兔崽子做老婆！”“幸而你的师帅做个媒人，不过叫女儿嫁个兔崽子；倘使你师帅叫你女儿当娼去，你也情愿做老乌龟，拿着绿帽子往自己头上去磕了！”

第八十四回则说得更加清楚：侯制军给朱阿狗改名侯虎，升他当了统领，于是有人议论道：“就如那侯统领，哪个不知他是个兔崽子？就是他手下所带的兵弁，也没有一个不知他是兔崽子，他自己也明知自己是个兔崽子，并且明知人人知道他是个兔崽子。无奈他的老斗阔，要抬举他做统领，那些兵弁，就只好对他站班唱名了，他自己也就把那回身就抱的旖旎风情藏起来，换一副冠冕堂皇的面目了。”好一副栩栩如生的模样，真让人忍俊不禁。

“兔子”和“兔崽子”作为骂人话即由此而来，虽然古今含义已经不同，但语源却是一致的，如果不信，你骂人一句“兔崽子”试试？

《全本红楼梦·呆霸王调情遭苦打》，清代孙温、孙允谟绘，绢本设色，旅顺博物馆藏。

这幅画的是《红楼梦》第四十七回“呆霸王调情遭苦打 冷郎君惧祸走他乡”。画面照例分为两部分，展现两个场景，其间斜斜以假山、墙垣隔开。这一回讲的是赖大家的请客，贾母众人至赖家花园中热闹了一日。客人中有个柳湘莲，薛蟠自会过一次，已念念不忘，又打听他最喜串生旦风月戏文，误认他作了风月子弟，这一天可巧遇见，乐得无可不可。柳湘莲酒后与宝玉等说了会儿话，便要告辞出去。画面右下是庭中两相送别的场景，画家将柳湘莲画成一个着白衫的风流公子。不料薛蟠趁着酒劲赶上来，拽了他百般纠缠。柳湘莲恨极，便诓了薛蟠骑马同至城外一个荒凉苇塘边，将他揍了个鼻青脸肿，又拽他到塘里滚得如泥猪般，丑态百出。这一幕画中并未明写，而是绘了两匹马拴在城外柳塘边来暗示，处理得非常含蓄。

《红楼梦》中有不少情节涉及清代男色之风。众子弟甚至在族学中为争男宠大打出手。那柳湘莲原也是世家子弟，酷好耍枪舞剑，赌博吃酒，以至眠花卧柳，吹笛弹筝，无所不为。因他年纪又轻，生得又美，想必很容易招惹“好男风”者，薛蟠不过是其中之一。

破瓜
本指女孩子十六岁的芳龄

民间俗语中把女子第一次破身称作“破瓜”，与“破处”“开苞”同义。这种用法反映了民间文化的粗俗，因为“破瓜”本来是一个非常美好的比喻。

古人用“破瓜”喻指女子十六岁，因为“瓜”字破开是“二八”，二八一十六，正好用来形容女孩子十六岁的青春年华。

“破瓜”一词出自东晋孙绰所作的《碧玉歌》（又名《情人碧玉歌》《千金意》）。北宋郭茂倩编撰的《乐府诗集》引《乐苑》的记载：“《碧玉歌》者，宋汝南王所作也。碧玉，汝南王妾名，以宠爱之甚，所以歌之。”

“宋汝南王”为“晋汝南王”之误。碧玉是东晋汝南王司马义的爱妾，司马义因为非常宠爱碧玉，于是请著名诗人孙绰写了五首《碧玉歌》（一说最末一首为萧衍所作）：

“碧玉破瓜时，郎为情颠倒。芙蓉陵霜荣，秋容故尚好。”

“碧玉小家女，不敢攀贵德。感郎千金意，惭无倾城色。”

“碧玉小家女，不敢贵德攀。感郎意气重，遂得结金兰。”

“碧玉破瓜时，相为情颠倒。感郎不羞郎，回身就郎抱。”

“杏梁日始照，蕙席欢未极。碧玉奉金杯，渌酒助花色。”

“小家碧玉”的称谓即由此而来。“小家碧玉”是相对于“大家闺秀”而言的。“大家闺秀”指出身于世家大族，修养、谈吐、待人接物具有大家风范的女子；“小家碧玉”泛指小户人家的美貌女子，正好和碧玉“妾”的身份相符。

汝南王和碧玉的爱情故事流传很广，《乐府诗集》同时收录了梁元帝萧绎的一首《采莲曲》，吟咏的也是这个故事："碧玉小家女，来嫁汝南王。莲花乱脸色，荷叶杂衣香。因持荐君子，愿袭芙蓉裳。"

从此之后，"碧玉"就成了一个代名词，不仅指代"小家碧玉"，也指代歌妓，比如唐人李暇所作《碧玉歌》："碧玉上宫妓，出入千花林。珠被玳瑁床，感郎情意深。"

"碧玉破瓜时"是指碧玉到了十六岁的时候和汝南王开始了感人的爱情，并最终嫁为人妾。那么"破瓜"为什么会被后人误解为"破处""开苞"呢？都是因为这个"破"字在作祟。其实"破瓜"还可以写作"分瓜"，把"瓜"字分为"二八"。如果"分瓜"代替"破瓜"流传了下来，人们也就不会产生这样的误解和龌龊的联想了。

唐人段成式《戏高侍御七首（之三）》吟咏道："花恨红腰柳妒眉，东邻墙短不曾窥。犹怜最小分瓜日，奈许迎春得藕时。""藕"谐音"偶"，这是形容女子十六岁得偶。李群玉《醉后赠冯姬》吟咏道："桂形浅拂梁家黛，瓜字初分碧玉年。"用的都是"分瓜"一词。

"瓜"字分为"二八"，两个"八"相乘为六十四，因此"破瓜"也可以指六十四岁。北宋文学家杨亿在《杨文公谈苑》中讲述了一则吕洞宾的故事："张洎家居，忽外有一隐士通谒，乃洞宾名姓，洎倒屣见之……索纸笔，八分书七言四韵词一章，留与洎，颇言将佐鼎席之意。其末句云'功成当在破瓜年'，俗以破瓜字为二八，洎年六十四卒，乃其谶也。"

跟寇准同时为官的张洎有一天闲居在家，忽然有一位道士求见，通名报姓之后，原来是仙翁吕洞宾。张洎盛情款待之后，吕洞宾用八分隶书写下一首七律，扬长而去。张洎一看这首七律，最后一句是："功成当在破瓜年。"意思是说张洎会在六十四岁这一年升任宰相之职，"鼎席"即指宰相之位。果然，张洎在六十四岁这一年拜相。不过，吕洞宾没有说出口的是，拜相之年也就是身死之年，张洎于同年病死。

明清时期，市民文化开始兴盛，“破瓜”一词进入了日常用语。因为有个“破”字，心理阴暗的文人学士们遂不求甚解，不由分说地将这一词语粗俗化。在明代通俗作家冯梦龙的著名小说《杜十娘怒沉百宝箱》中，“破瓜”就变成了“破身”之意：“那杜十娘自十三岁破瓜，今一十九岁，七年之内，不知历过了多少公子王孙，一个个情迷意荡，破家荡产而不惜。”

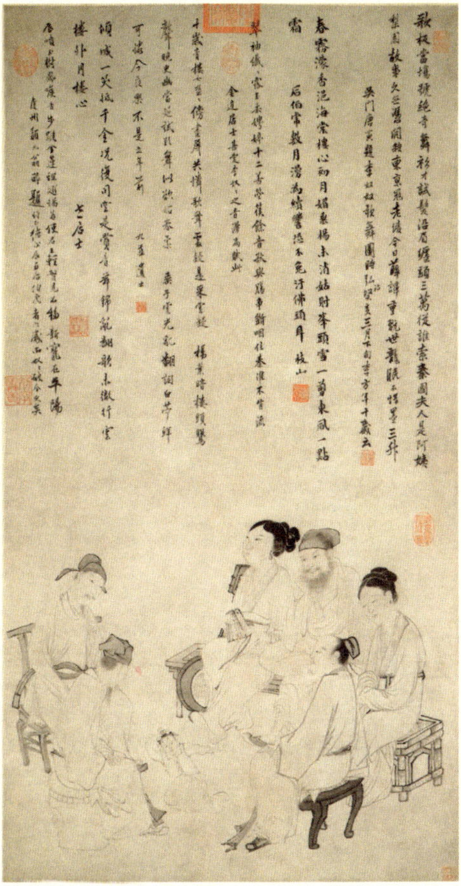

《歌舞图》，明代吴伟绘，纸本墨笔，北京故宫博物院藏。

吴伟画人物出自吴道子，纵笔不甚经意，而奇逸潇洒动人，白描尤佳。孝宗喜马远、夏圭画风，而画院戴进、吴伟均承继马、夏，成为一时风尚，号为“浙派”。吴伟亦号“江夏派”，性豪放不羁，好剧饮狎妓，年仅五十因饮酒过量而死。

弘治十六年（1503）三月下旬，吴伟和几个朋友在一处青楼同赏当时年仅十岁的雏妓李奴奴表演歌舞，随后画了这幅立轴以志其事。同游者包括唐寅和祝允明等，众狎客围坐一周，神态各异，中间正翩翩起舞的女童便是李奴奴。她的稚龄和几乎不成比例的弱小身姿恐怕会令当代观者骇异而不适。

画上题诗者众多。唐寅先题，其次祝允明。其后数年间，金庭居士、九华遗士和谢承举分别续题。题写最后一首的南京诗人、书画家谢承举在诗后记曰：“虔州髯九翁醉题，时正德戊辰，再后伯虎者六岁，而奴奴破瓜久矣。”正德戊辰是1508年，距离作画时间已有六年，此时李奴奴芳龄十六，梳栊已久，风尘的苦况，大概已尝够了。

笨蛋
本来并不笨

今天的"笨蛋"一词是个语感非常重的日常用语，一个人被别人骂作"笨蛋"，一定会勃然大怒。在某种程度上，"笨蛋"等同于白痴，都是指智商极其低下的人。

不过在古代，称呼一个人为"笨蛋"，和智商却毫无关系，"笨"这个字甚至还是一种造纸的原材料呢。

《说文解字》："笨，竹里也。"南唐学者徐锴进一步解释道："笨，竹白也。"三国学者张揖所撰《广雅·释草》则说："竺，竹也，其表曰笢，其里曰笨。"清代学者朱骏声在《说文通训定声》中解释说："笨，谓中之白质者也。其白如纸，可手揭者谓之竹孚俞。"

综合以上注释，可见"笨"是竹子的里层，是竹子杀去青皮后留下的部分，是一层白色的薄膜，像纸一样又薄又白，可作造纸的原材料。东汉蔡伦造纸，最早的原材料非常简陋，计有树皮、破渔网、破布、麻头等，后来的人才使用"竹白"作原材料。因为史书要在用"竹白"造的纸上书写，所以后人就把史书称为"竹白"，即"笨"。

"笨"的这一原始语义到了魏晋时期发生了巨大的改变。《晋书·羊曼传》记载，有四位大臣通过"评比"，当选为当时的"四伯"：大鸿胪江泉因能食为"谷伯"，豫章太守史畴因"大肥"为"笨伯"，散骑郎张嶷因狡妄为"猾伯"，羊聃（dān）则因狼戾为"琐伯"。这是比附上古时期的"四凶"。其中"大肥"指身体肥大，行动不灵巧，可见此时的"笨"已经转义

《通俗三国志之内 吕布追董卓庭上转》三联画之中，歌川国芳绘，一八五三年。

此图为一组三联画当中的一幅。三联画的主题是《三国演义》中董卓大闹凤仪亭一幕，出自原书第八回“王司徒巧使连环计 董太师大闹凤仪亭”。吕布趁董卓上朝时，入董府探看貂蝉，二人在凤仪亭私会，貂蝉假意哭诉被董卓霸占之苦。董卓回府撞见，怒而抢过吕布的方天画戟，直刺吕布，吕布飞身逃走，故而此段又名“梳妆掷戟”。经凤仪亭事件，董、吕二人彻底反目，王允趁机说服吕布，最终铲除董卓。

画中董卓身穿团花蟒服，满脸愤恨，因身躯笨重，掷戟后仰身摔倒。谋士李儒慌忙来扶。场面富有戏剧性，人物服饰造型似乎也参考了戏剧中的夸张扮相。画面色彩浓烈，大红大黄和墨绿对比，产生视觉冲击力，渲染出情节之紧张。董卓在洛阳专断朝政，祸乱朝纲，狼戾贼忍，暴虐不仁，引发众怒。史书记载，董卓身躯极肥胖，被吕布杀死后，陈尸示众，守尸的士兵在他肚脐内插上灯芯，点燃照明，接连燃烧数日不灭。后苏轼有诗曰：“毕竟英雄谁得似，脐脂自照不须灯。”

成了笨重的意思，但是仍然没有和智商低下联系在一起。

东晋时期，葛洪在《抱朴子·行品》中列举了“悖人”“逆人”“凶人”“恶人”等数十种恶人的种类，其中就有“杖浅短而多谬，暗趋舍之臧否者，笨人也”。意思是说：见识浅陋，谬误百出，又不懂得善恶得失的人就是“笨人”。这种人当然是愚蠢的人。直到这时，“笨”才和智商挂起钩来。

清人李鉴堂所编《俗语考原》一书中说：“山东人谓粗鲁人曰体汉，体与笨同。”“体”在古代和身体的“體”字是两个字，意思是劣，又指粗笨。笨汉当然智力低下，可见民间俗语已经把“笨”的意思定型了，以至于慢慢和“蛋”组合在一起，形成了今天的“笨蛋”一词。

痴呆
原来是对吴人的贬称

“痴呆”一词形容人迟钝、愚蠢，直到今天还活跃在人们的日常口语之中。那么，“痴呆”这个词到底是怎么来的呢？这还要先从“呆子”的称谓讲起。

南宋人张仲文在所著笔记《白獭髓》中讲述了一则著名诗人范成大的趣事：“石湖范参政初官参州，在客位，其同参者闻为吴郡人，即云‘獃子’。”范成大号石湖居士，吴县人。“獃”通“呆”，同僚一听他是吴郡人，立刻呼为“呆子”，可见吴人素有“呆”名。

果然，直到明代还有这样的记载。陆容在《菽园杂记》中写道：“苏州人谓无智术者为獃，杭州以为懛。”“懛”亦通“呆”。明代藏书家郎瑛在《七修类稿》中也说：“苏杭呼痴人为懛子。”陆容还讲了一个有趣的故事：“同年吴俊时用，美姿容，而不拘小节，杭人呼为吴阿懛。尝自云：‘我死，大书一名于墓前，云“大明吴阿懛之墓”。若书官位，便俗矣。’”墓碑上不写官位而写“吴阿呆”，实在是活得通透，死得也通透。

还是上面这个范成大，写有《腊月村田乐府》组诗，其中《卖痴呆词》一诗活灵活现地描述了家乡吴郡除夕夜的一项风俗：“除夕更阑人不睡，厌禳钝滞迎新岁。小儿呼叫走长街，云有痴呆召人买。二物于人谁独无？就中吴侬仍有余。巷南巷北卖不得，相逢大笑相揶揄。栎翁块坐重帘下，独要买添令问价。儿云翁买不须钱，奉赊痴呆千百年。”

这首诗的意思是说：除夕晚上守岁，祈祷消灾除难。有小儿在长街上叫卖“痴呆”，却没有人买。有位老翁独自坐在门帘下，问“痴呆”多少钱。小儿笑着说：“您老要买不需要花钱，奉上‘痴呆’赊欠千百年！”

这首诗前的小序写道：“其九《卖痴呆词》：分岁罢，小儿绕街呼叫云：‘卖汝痴！卖汝呆！’世传吴人多呆，故儿辈讳之，欲贾其余，益可笑。”这是说世间相传吴人多呆，因此小儿辈要把多余的“痴呆”卖掉。实在是太可爱的习俗！

那么，为什么“世传吴人多呆”呢？元代人高德基在《平江记事》中给出了独到的解释：“吴人自相呼为呆子，又谓之苏州呆。每岁除夕，群儿绕街呼叫，云卖痴呆：‘千贯卖汝痴，万贯卖汝呆。见卖尽多送，要赊随我来。’盖以吴人多呆，儿辈戏谑之耳。”这是说吴人多呆乃是吴人的自嘲。

有一位叫吴樵的平江节度推官（就是掌管诉讼的官员）有一段话说得很清楚：“吴人尚奢而争胜，所事不切。”吴人以奢侈为时尚，又喜欢争胜，所做的事都不切合实际。吴樵举出的例子是：“宁弃百万钱嫁女，不能拼十万钱教子弟；宁舍十万钱遣婢妾，不能以一万钱延好师友，故使子弟不知书识字。”宁肯用百万钱嫁女儿，也不愿花十万钱教育子弟；宁肯舍十万钱打发婢妾，也不愿以一万钱延请有学问的师友，因此子弟都不知书识字。

吴樵接着又说：“但广置田宅，计较微利，殊不思异时反贻子孙不肖之害。”意即只知道广置田地和庄园，对蝇头小利斤斤计较，却没有想到将来会留给子孙“不肖之害”。所谓“不肖之害”，指的是子孙不务正业，靠变卖父辈留下的家产度日。

吴樵的观察和评价极其深刻。由此可知，同僚一见到吴郡人范成大就呼为“呆子”，其来有自。至于“痴”字，根据扬雄在《方言》一书中的记载，早在汉代就是扬越一带嘲讽人无知的方言。因此大约从宋元时期开始，“痴呆”连用，同时也进入了北方语言，一直使用到今天。

《绘高宗御书范成大〈卖痴呆词〉》，清代曹夔音绘，纸本浅设色，台北故宫博物院藏。

曹夔音，江苏江宁（今南京）人，生卒年不详。乾隆时以画供奉内廷，工山水。乾隆十二年（1747）初夏，皇帝集阁臣以南宋田园诗人范成大名作《腊月村田乐府（十首）》为题材，创作了一组山水民俗立轴。曹夔音绘制了其中的《卖痴呆词》，构图布局采用近、中、远景的全景式山水，笔墨清润，一展江南冬日村居风情，饶有生活气息。

范成大《腊月村田乐府》组诗以新乐府体写吴地苏州腊月田家风俗，“卖痴呆”是其中最有趣的一种。画面上除夕夜的江南村落宁静又祥和，透过家家户户的窗口，可见村民人家守岁迎新的种种情态，光景温馨。前景小屋中一小儿正努力扒饭，街上二小儿正向长者卖痴呆。您要买痴呆，不仅不用钱，还可以赊账呢！

鞠躬尽瘁

入流
原来是古代官制

今天人们的日常口语中还有“入流”“不入流”的说法，意思是达到或者没有达到某一档次、级别，比如说某人的言论不入流，即指言论档次低下。这两个日常俗语来源于古代中国的官制。

南北朝时期已经有了流内、流外之别，但直到隋唐时期，流内、流外的官制方才大备。一品至九品官通称“流内”，九品以外通称“流外”。唐代史学家杜佑所著《通典·职官》中有详细的记载：“隋置九品，品各有从。自四品以下，每品分为上下，凡三十阶，自太师始焉，谓之流内。流内自此始焉……大唐自流内以上，并因隋制……又置勋品九品，自诸卫录事及五省令史始焉，谓之流外。流外自此始。”“勋品”又叫“勋官”，是授给有功将士和官员的一种荣誉称号，有品级而没有实际职掌。

“流外”本身也有品级，经考核后可递升进入“流内”，这就叫“入流”。南宋学者洪迈所著《容斋三笔》中说：“唐开元十七年，国子祭酒杨玚上言：‘省司奏限天下明经、进士及第，每年不过百人，窃见流外出身，每岁二千余人。’”隋代始置明经、进士二科，明经考的是经义，进士考的是诗赋。这两科每年不过百人，而“流外”竟至于两千多人，可见从流外“入流”的难度之大。“流外”因此也称“未入流”或“不入流”。

北宋学者司马光在《资治通鉴》卷一百九十五中记载了一则趣事，可见流内、流外之界限森严：“玄素少为刑部令史，上尝对朝臣问之曰：‘卿在隋何官？’对曰：‘县尉。’又问：‘未为尉时何官？’对曰：‘流外。’又问：‘何曹？’玄素耻之，出阁殆不能步，色如死灰。谏议大夫褚遂良上疏，以为：‘君能礼其臣，乃能尽其力。玄素虽出寒微，陛下重其才，擢至三品，翼赞皇储，岂可复对群臣穷其门户！弃宿昔之恩，成一朝之耻，使之郁结于怀，何以责其伏节死义乎！’上曰：‘朕亦悔此问，卿疏深会我心。’”

张玄素在隋朝初任之官为户曹，掌户口、婚嫁等事，属于县尉的属官，流外胥吏而已；后来升到县尉，品级为从九品下。唐太宗在群臣面前追根究底地询问已擢升至三品的张玄素的历任官职，实属不当之举，因此褚遂良才会上疏劝谏。流外出身竟至于让张玄素“色如死灰”，由此可见流内、流外观念之根深蒂固。

《彩绘帝鉴图说》之『召试县令』，绢本设色，约十八世纪，法国国家图书馆藏。

《帝鉴图说》由明代内阁首辅张居正亲自编撰，是供当时年仅十岁的明神宗（万历皇帝）阅读的教科书，由一个个小故事构成，分为两编："圣哲芳规"讲述历代帝王励精图治之举，"狂愚覆辙"剖析历代帝王倒行逆施之祸。每个故事均配以形象的插图。此彩绘版《帝鉴图说》绘制于清代，可能是当时的外销画，传入欧洲后添加了法文注释，并按照西方图书装订方法粘合成册。画面严谨工丽，略具西洋透视技法。

"召试县令"讲的是唐玄宗的故事。唐史记载：玄宗以县令系亲民之官，县令不好，则一方之人皆受其害，故常加意此官。是时有吏部新选的县令二百余人，玄宗都召至殿前，亲自出题考试，问以治民之策，"惟韦济词理第一，擢为醴泉令，余二百人不第，且令之官，四十五人放归学问。又敕京官五品以上外官刺史，各举县令一人，视其政善恶，为举者罚"。

民间戏曲传说中，县令常被形容为"芝麻官"，实际上县令属于中层官员，唐代"上县令"为从六品上，与"国子助教""秘书郎"同阶。被选拔的韦济乃宰相之子，出身"流内"，品第高贵。九品以下才属于"不入流"的官吏。

十里长亭
并不仅仅是送别之地

李白名作《菩萨蛮》一词吟咏道："平林漠漠烟如织，寒山一带伤心碧。暝色入高楼，有人楼上愁。玉阶空伫立，宿鸟归飞急。何处是归程？长亭更短亭。"归家的路上，长亭连着短亭。不过，这一意象最早出自由南朝入北朝的著名文学家庾信所写的《哀江南赋》，其中有"十里五里，长亭短亭"的句子，是古代中国驿路亭制的如实写照。

秦汉制度，十里一长亭，五里一短亭。但其实这一制度沿袭的乃是周制。《周礼》记载，周代有"遗人"一职，职责是"掌邦之委积，以待施惠"。所谓"委积"，是指当年的赋税总额上缴国库，经计量留足国用之外，剩余的部分就由"遗人"掌管，用于振恤困乏、养育孤老、供给宾客和行旅，以及荒年赈灾等。少的称"委"，多的称"积"，合称"委积"。

"凡国野之道，十里有庐，庐有饮食；三十里有宿，宿有路室，路室有委；五十里有市，市有候馆，候馆有积。凡委积之事，巡而比之，以时颁之。"国都的郊外称"野"，从这里开始，十里要设置一"庐"，只负责供给饮食。三十里设置一"宿"。"路室"就是正式的客舍，可以住宿，备有饮食、财物。因为离国都较近，饮食、财物不用准备太多，故称"委"。五十里设置一"市"。"候馆"指有楼可以观望的客舍，观望以防盗贼。因为离国都较远，要准备充分，故称"积"。

十里一亭的秦制就是承"十里有庐"而来，最重要的作用其实是配合官员往来和递送公文的"驿传"制度。用马传送称"驿"，用车传送称"传"，步行传送称“邮”，三种传送方式可统称为“置”。这些名称所代表的驿传方式本来分得清清楚楚，后来就混用了。

据《汉书·高帝纪》，刘邦年轻时就做过“泗上亭长”，颜师古注解说：“秦法十里一亭。亭长者，主亭之吏也。亭谓停留行旅宿食之馆。”“亭”可不像今天人们想象的那样仅仅只有一座亭子，还有供人住宿的馆舍。汉制还规定“十里一亭，亭有长，十亭一乡”。十亭为一“乡”，乡里有掌教化百姓的“三老”，有掌狱讼、收赋税的“有秩”或“啬夫”，有负责捕盗的“游徼（jiào）”。这就是汉代政府机构的基层组织。

所谓十里长亭，有两大职责，正如东汉学者应劭所说：“旧时亭有两卒，一为亭父，掌开闭扫除，一为求盗，掌逐捕盗贼。”当然，逐捕盗贼也是为了保护行旅，有功则可以升为功曹，可以作为县令的佐吏了。由此也可以看出刘邦出身之低微，手下只掌管两个卒子。

据《史记·李将军列传》：“尝夜从一骑出，从人田间饮。还至霸陵亭，霸陵尉醉，呵止广。广骑曰：‘故李将军。’尉曰：‘今将军尚不得夜行，何乃故也！’止广宿亭下。”霸陵亭离长安三十里，有正式的客舍，因此李广才可以住宿。

如今多以为灞桥折柳赠别的习俗起于唐代，其实不然，据记载长安地理的《三辅黄图》一书：“灞桥，在长安东，跨水作桥。汉人送客至此桥，折柳赠别。”只不过到了唐代，在灞桥边折柳赠别的习俗更加风行而已。灞桥距长安城十里，一般送行到这里就止步了，因此灞桥又称“情尽桥”。宋代计有功所著《唐诗纪事》中收录了唐代诗人雍陶的一则逸事：“送客至情尽桥，问其故，左右曰：‘送迎之地止此，故桥名情尽。’陶命笔题其柱曰‘折柳桥’，自后送别，必吟其诗曰：‘从来只有情难尽，何事名为情尽桥。自此改名为折柳，任他离恨一条条。’”

自灞桥而别，如果是情意特别深厚的亲朋，还舍不得离去，再继续往东相送，那就到了三十里外的霸陵亭。长亭更短亭，真乃心有不舍的写实之笔啊！

《东海道五十三次之内　藤枝　人马继立》，歌川广重绘，约一八三四年。

广重最擅长“名所绘”。他自身具有的文人品位与充满抒情意味的日本风景相结合，令画面呈现一种淡远的感伤情调，他因而被称为“乡愁广重”。

1832年，广重随幕府队伍，经东海道至京都，以此为素材，于1833年前后出版了《东海道五十三次》系列，奠定了浮世绘风景画大师的地位。东海道是连接江户和京都的古道，“五十三次”即沿途的五十三个宿场。该系列采用西洋画的写实手法描绘驿站周边的沿途风光，构图洗练，色调清冷又浓郁，生动表现了沿途景致及变幻无穷的天光物象，渲染出悠悠行旅气氛。

藤枝宿场在东海道中途，行旅至此，路已走了小半。画题是“人马继立”，意为宿场中最常进行的换乘补给，或是货物的传递运送。两队旅人在此“打尖”，一队刚卸下沉重的行李，喂马，歇息，洗浴；另一队则开始装载货物，准备再次踏上行程。无论长亭还是宿场，都只是远行人暂停的补给点，到来就是为了离开。

大不敬
原来专指不敬皇帝之罪

今天的日常口语和书面语中还保存着“不敬”和“大不敬”的说法，有的辞典举出这样的“大不敬”用例：“你对父母亲如此怒言相向，真是大不敬。”这样的用法是错误的。

《论语·为政》中记载了一则孔子的话：“子游问孝。子曰：‘今之孝者，是谓能养。至于犬马，皆能有养。不敬，何以别乎？’”

孔子的学生子游问什么是孝，孔子回答说：“如今所说的孝，仅仅指能奉养父母。但是犬和马都能有人养着。如果只奉养却不尊敬父母，那么奉养父母跟养犬和马有什么区别呢？”

对不尊敬父母者的斥责只能用“不敬”，绝不能用“大不敬”，这是因为“大不敬”乃专指冒犯皇帝尊严的犯罪行为。中国现存最早、最完整的刑事法典《唐律疏议》中的解释很清楚：“礼者，敬之本；敬者，礼之舆。故《礼运》云：‘礼者君之柄，所以别嫌明微，考制度，别仁义。’责其所犯既大，皆无肃敬之心，故曰‘大不敬’。”“别嫌明微”指的是辨别混淆杂乱的事情。

“大不敬”作为一项罪名起源于汉代。《汉书·申屠嘉传》载，邓通是汉文帝的男宠，丞相申屠嘉入朝奏事的时候，邓通站在汉文帝旁边，显得十分怠慢，于是申屠嘉将邓通召到丞相府，斥责他说：“夫朝廷者，高皇帝之朝廷也，通小臣，戏殿上，大不敬，当斩。”朝廷本是皇帝和大臣议事之所，邓通的怠慢行径冒犯了皇帝的尊严，按照汉律当斩。

“大不敬”之罪自此进入刑律，隋、唐两代都将其列入不可宽赦的“十恶”之第六条。《唐律疏议》中详细罗列了“大不敬”的六大罪名：

一、盗大祀神御之物、乘舆服御物。“大祀”指祭天地、宗庙等最隆重的祭祀，盗窃大祀时供神所用之物即构成此罪，供在神像前的祭品被盗窃的，也列入此罪。“乘舆”指皇帝乘坐的车舆，皇帝以天下为家，乘舆巡视，人们不敢言说皇帝的尊号，于是用“乘舆”指代皇帝。盗窃皇帝衣食住行所使用的各种物品的，列入此罪。对这宗罪的惩罚是：流放二千五百里。

二、盗及伪造御宝。“御宝”即御玺。盗窃皇帝本人和三后（太皇太后、皇太后、皇后）御玺的，处以绞刑；伪造皇帝御玺的，处以斩刑；伪造三后御玺的，处以绞刑。

三、合和御药，误不如本方及封题误。给皇帝配制御药时，虽然依据的是御医所开的正式药方，但是配制过程中发生了差错，或者依照药方正确地配制完毕，但是药上的封题标签有误，比如把“丸”写成“散”，把“冷”写成“热”等，都要处以绞刑。

四、若造御膳，误犯食禁。皇帝的御膳都要按照《食经》中的规定来制作，《食经》中列明了各种禁忌，一旦违犯，就叫作“犯食禁”。比如干肉不能混入黍米之中，苋菜不能和鳖肉搭配，若有违犯，主食官处以绞刑；比如食物中混有污秽之物，主食官徒二年，“徒”是服劳役之刑；比如主食官在皇帝食用之前没有品尝饭菜，则杖一百；等等。

五、御幸舟船，误不牢固。皇帝所乘的舟船造得不牢固，导致败坏的，工匠处以绞刑；对皇帝所乘的舟船不及时维修，船篙、棹等必备之物缺少的，徒二年。

六、指斥乘舆，情理切害，及对捍制使，而无人臣之礼。有怨恨情绪，因而指斥、诽谤皇帝，情理上有很大危害的，处以斩刑；对抗皇帝派出的专门使节，抵触抗拒而缺少臣子礼节的，处以绞刑。

这就是唐代“大不敬”之罪的全部内容，后代沿用，虽略有差异，但都大同小异。

《折槛图》，宋代佚名绘，绢本设色，台北故宫博物院藏。

这是一幅故事画，描绘汉代大臣朱云犯颜直谏的典故。《汉书·朱云传》记载，西汉成帝时，宰相张禹恃宠而骄，朝中大臣多因张禹曾为帝师不敢弹劾。一日，槐里令朱云当着满堂公卿大臣，请赐尚方斩马剑斩佞臣。成帝怒斥朱云以下犯上，要将朱云处死。朱云攀住殿槛百般抵抗，以至槛折。画面上御林军正欲将朱云拖走，朱云死抱住栏槛不放，挣扎强辩。成帝踞坐龙椅上，满面怒容，杀气腾腾。张禹则手捧笏板得意地站在成帝身边，暗中奸笑。左将军辛庆忌正躬身为朱云求情。画面情节紧张而白热化，线条遒劲有力，色彩鲜明，人物生动。

当庭侮辱帝师，称得上“大不敬”之罪了。朱云幸有辛庆忌求情力保，才得免死罪。事后要修缮殿槛时，已恢复冷静的成帝却令保留原状，借以表彰忠臣，并作为日后的警诫。画家将这一本来发生在朝堂之上的事件挪到乔松、湖石掩映的御花园里，简化人物，突出主题，也增加了画面的美感。此为南宋院体佳作。

大驾
只能用于皇帝

“大驾”这个敬称直到今天还在使用，不过已经变成了日常生活中通用的客套话，比如说“大驾光临”“劳您的大驾”，此外还有“尊驾”“劝驾”“挡驾”等用法。“大驾”和“尊驾”都是敬辞，“劝驾”和“挡驾”则是由敬辞引申而来的委婉语，“劝驾”是委婉地劝人担任某项职务或者做某件事情，“挡驾”则是谢绝来客的婉辞。

总而言之，这些敬辞和婉辞都跟“驾”有关。驾者，车驾也。鲜为人知的是，“大驾”的称谓在古代可不是随便能用的，而是专用于皇帝，是皇帝的代称，除了皇帝之外，任何人都不准使用。

东汉学者蔡邕在《独断》一书中写道：“天子出，车驾次第谓之卤簿，有大驾，有小驾，有法驾。”天子的仪仗队称为“卤簿”。这是一个很令人费解的名词，应劭在《汉官仪》中解释说：“兵卫以甲盾居外为前导，皆著之簿，故曰卤簿。”也就是说，“卤”通“橹”，是一种大盾牌，兵卫持着这种盾牌，在天子的外围进行防御；“簿”是簿籍，登记所用的册子。兵卫甲盾有先后次第，都一一登记在簿籍之中，在天子出行的时候，按照先后次序作为前导，故称“卤簿”。

天子出行时扈从的仪仗队共分三种，分别是大驾、法驾、小驾。

“大驾则公卿奉引，大将军参乘，太仆御，属车八十一乘，备千乘万骑。”古人乘车，尊者在左，驾车的御者居中，还要有一人在右边陪坐，称为“参乘”或“车右”。陪坐的这个人必须是勇士，以防突发事件，负责保卫天子的安全。

“大驾”的规模最大：公卿驾车在前充当导引车，太仆为皇帝御马，大将军在右边陪坐，跟随的车辆共有八十一辆。在以天子为核心的这个队列之外，尚备有千乘万骑，排场可谓盛大。

“法驾，公卿不在卤簿中，唯河南尹、执金吾、洛阳令奉引，侍中参乘，奉车郎御，属车三十六乘。”“法驾”的规模次之，公卿不在其中，河南尹、担任警卫的执金吾、洛阳令驾车在前充当导引车，侍从皇帝的侍中在右边陪坐，奉车郎为皇帝御马，跟随的车辆共有三十六辆。

“法驾，上所乘曰金根车，驾六马，有五色安车、五色立车各一，皆驾四马，是为五时副车。”“根车”是用自然圆曲而非人为加工的树木做车轮的车子，古人认为如果帝王有盛德，山中就会出根车，泉眼中就会出黑色丹砂，乃祥瑞之兆。“金根车”当然就是用黄金装饰的根车，只能供皇帝本人乘坐。古人乘车皆为立乘，即站着乘车，这叫“立车”；只有年老的高级官员或者贵妇人才可以坐乘，坐乘的车就叫“安车”，有安坐的意思。

“法驾”的排场也很大，除了皇帝乘坐的金根车之外，还有五色安车、五色立车各一。“各一”可不是各有一辆，而是有青、赤、黄、白、黑五色的安车，以及青、赤、黄、白、黑五色的立车，合起来就是十辆随从的副车，这就叫“五时副车”。

“小驾”的规模最小：“小驾，祠宗庙用之。每出，太仆奉驾上卤簿于尚书，侍中、中常侍、侍御史主者，郎令史皆执注以督整诸军车骑。”“小驾”乃皇帝到宗庙祭祀或者逢凶事举行哀吊时所用。出行的时候，太仆要将卤簿呈递给尚书。“注”即仪注，同卤簿一样，也是登记的册子。侍中、中常侍、侍御史担任主管，郎令史辅助，皆手执仪注以督率整顿诸军车骑。唐代的规模更小，皇帝仅仅乘坐四望车（四面有窗可以观望的车），侍卫清道而已；

宋真宗时期改“小驾”之名为“鸾驾”。

因为“大驾”的规模最大、最为隆重，所以皇帝就被尊称为“大驾”，相应地，陪同皇帝出行的官员称作“护驾”。皇帝到某处或者某地视察，称作“驾临”“驾到”。发生战争，需要皇帝亲自上前线督战，这叫作“大驾亲征”，后来也叫作“御驾亲征”。

同样，皇帝死了叫作“驾崩”。“崩”的本义是山倒塌，古人把天子和皇帝的死看得很重，就像山倒塌下来一样，因此从周代开始帝王之死称“崩”，也称“驾崩”。“崩”或“驾崩”只能专用于天子或皇帝。

《雪夜访普图》，明代刘俊绘，绢本淡设色，北京故宫博物院藏。

刘俊，字廷伟，生卒年不详。明代画家，工画人物、山水、界画，主要继承院体画传统，属精工巧密一路。人物画比例准确，注重表情刻画，衣纹用铁线描，秀劲洗练。

此图描绘的是宋太祖赵匡胤雪夜访赵普的故事。《宋史·赵普传》记载：“太祖数微行过功臣家，普每退朝，不敢便衣冠。一日，大雪向夜，普意帝不出。久之，闻叩门声，普亟出，帝立风雪中，普惶惧迎拜。帝曰：‘已约晋王矣。’已而太宗至，设重茵地坐堂中，炽炭烧肉。普妻行酒，帝以嫂呼之。因与普计下太原。”

画面忠实还原了这一历史场景。大雪昏茫之夜，时任枢密副使的赵普府内，皇帝着便服大驾光临。前厅大红锦茵之上，君臣二人围炉而坐。上首是宋太祖，身材魁伟，气度不凡，端着庄严的表情在侧首聆听，一副礼贤下士又高高在上的姿态。赵普在下首跪坐，谦恭恳切，略带惶然，仰面答问献策。赵夫人恭立一旁，随时伺候添酒。大门外象征性地画了四个皇家侍卫，拱肩缩背，似乎守候已久。炭炉上的烤肉似在吱吱作响，更增添了老树昏鸦的寒意。

皇帝有微服私访的爱好，臣子也只能配合。从历史记载中“普每退朝，不敢便衣冠”及“普惶惧迎拜”的描写来看，皇帝的“大驾”每光临一次，赵普合家就要度过一个战战兢兢的夜晚吧。

下马威
原来是清代官场的陋习

“下马威”这个日常俗语最早是指官吏刚到任时严厉对待属员，并加以责打，以显示自己的官威，后来泛指初见面时借故给人出难题，以显示自己的权威。

“下马威”的原形是“下车威”，语出《汉书·叙传上》。西汉时期，定襄（今属山西忻州）这个地方的豪强无视法度，横行无忌，于是班伯毛遂自荐，担任定襄太守。

“定襄闻伯素贵，年少，自请治剧，畏其下车作威，吏民竦息。”意思是说：定襄人听说班伯家世显赫，又年轻，自愿前来治理形势复杂的地方，都害怕他下车作威，施展雷霆手段，于是从吏到民都战战兢兢。

班伯“下车作威”显然是为了震慑豪强，不过最早的“下车”之举却是为了施仁政。《礼记·乐记》载：“武王克殷反商，未及下车而封黄帝之后于蓟，封帝尧之后于祝，封帝舜之后于陈；下车而封夏后氏之后于杞，投殷之后于宋，封王子比干之墓，释箕子之囚，使之行商容而复其位。”

这段话是说周武王灭了商王朝之后，“未及下车”便开始分封黄帝、尧和舜的后裔，“下车”之后又分封夏、商诸王室的后裔。周武王的一系列仁政有效地稳定了社会秩序，后来就把初即位或者刚到任称作“下车”，也才有了“下车伊始”这个成语。

“下马威”这个俗语则出自清人黄六鸿所著《福惠全书》，该书是对地方行政的情况、阅历、经验和体会的详细记录，是了解清初地方社会情况

《精镌合刻三国水浒全传》卷首版画插图『醉打蒋门神』，明代罗贯中、施耐庵撰，李贽批，明末雄飞馆刊本。

这幅描绘的是《水浒传》第二十九回“武松醉打蒋门神”。武松为武大报仇，杀了西门庆和潘金莲，被刺配孟州牢城。当时的规矩是“但凡初到配军，须打一百杀威棒”。武松解到，正要被打，却因施恩说情，免了棍棒之苦，又被好酒好食招待。武松感激之下，替施恩打走蒋门神，夺回快活林。画面上正是武松借着七八分酒意，赤膊痛殴蒋门神一幕。后来蒋门神买通张团练设计陷害武松，才有了“血溅鸳鸯楼”的故事。武松的一百杀威棒虽然免了，但被屈打成冤时，先是“批头竹片，雨点的打下来”，后被判脊杖二十，到底还是带了一身棒伤。

的第一手资料。该书第二十八卷记载了一个官场陋习："一日总河下班书吏挟纸牌乘传至，先命一夫驰马执捧而来，名曰巴棍，以示至则必打之意也。"

"纸牌"指朝廷颁发的使用驿站资源的凭证。驿站的专用车辆称"传"。河道总督的书吏先命一人拿着巴棍前往驿站，表示自己一到就要开始打人。之所以这样做，不过是为了勒索驿站人员的钱财。

"彼兵房、马牌辄神魂飞丧，乃刑牲炙酒以待。兵房擎壶把盏，马牌束金跪献，及受而叱之出，则狼仆追擒，已一绳高吊于幽室矣。遂执所携巴棍而毒殴之，名曰'打下马威'，拷逼数金，殴犹未已。"

即使驿站的兵房和马牌献上酒肉和金钱，也仍然没有逃脱"一绳高吊"被毒打的噩运。把驿站人员吊起来毒打的这一幕乃是清初官场的常见景象，从此之后，"下马威"这个俗语就流行开来。不过今天官场的"下马威"只具备象征意义，不再像清代那样真的用棍棒殴打了。

飞毛腿
不是指有毛的腿

中国民间把跑得飞快的人称为“飞毛腿”，还把苏联的一种导弹称作“飞毛腿导弹”，取其速度极快之意。“飞毛腿”这个称呼究竟是怎么来的呢？

原来，“飞毛腿”一词来源于古代中国的邮驿制度。邮驿制度是现代邮政的前身，起源很早，不过到了秦代才以律令的形式正式确定下来，形成了最早的邮驿法。汉承秦制，统一名称叫“邮驿”。邮驿在先秦时期也叫“置邮”。置、邮、驿三个字都是传送文书的意思，用人步行传递叫“邮”，用马传递叫“置”，传送文书期间休息的地方叫“驿”。

邮驿制度只限于传送官方的文书或者军事情报。官府选用一些善于奔跑的人来作“邮人”，这些人被称作“健步”，后来也称作“急脚子”“快行子”，类似于现在的快递员，不过，现代的快递员最不济也要骑一辆自行车，古时候的“健步”们可完全是凭两条腿。

紧急的军事文书，要在上面插上一根鸟羽，叫作“羽檄”。《史记·韩信卢绾列传》载，陈豨（xī）谋反的时候，汉高祖刘邦“以羽檄征天下兵”，裴骃解释说：“以鸟羽插檄书，谓之羽檄，取其急速若飞鸟也。”

《汉书·高帝纪》中也有这一记事，颜师古的注解说得更清楚：“檄者，以木简为书，长尺二寸，用征召也。其有急事，则加以鸟羽插之，示速疾也。”

羽檄也叫羽书，不过到了宋代，就只有其名而无其实了。沈括在《梦溪笔谈》中记载：“驿传旧有三等，曰步递、马递、急脚递。急脚递最遽，日行四百里，惟军兴则用之。熙宁中，又有金字牌急脚递，如古之羽檄也，以木牌朱漆黄金字，光明眩目，过如飞电，望之者无不避路，日行五百余里。”可见宋代的羽檄上已不使用真的鸟羽了。

到了清代，军事文书上又重新开始插鸟羽以示紧急。清人陈其元所著《庸闲斋笔记》讲述了曾国藩的一则有趣的传闻：“曾文正公硕德重望，传烈丰功，震于一时。顾性畏鸡毛，遇有插羽之文，皆不敢手拆。”由此可见，那时的羽檄上面插的不是其他鸟羽，而是鸡毛！这就是“鸡毛信”的前身。

“健步”“急脚子”“快行子”后来就被民间更通俗化地称为“飞毛腿”。人们总是对“飞毛腿”中的这个“毛”字不解，甚至望文生义，以为是这位飞毛腿的腿毛呢！真是让人笑掉大牙！这是因为不知“羽檄”的缘故，“毛”就是指羽檄上插着的飞鸟或鸡的羽毛。

《元曲选》插图『杨贵妃晓日荔枝香』，明代臧懋循编，万历时期刊本。

这幅是丙集《唐明皇秋夜梧桐雨》一剧的插图。此剧简称《梧桐雨》，元人白朴作品，搬演唐明皇与杨贵妃的爱情悲剧，王国维赞其“沉雄悲壮，为元曲冠冕”。此图描绘的内容恰如杜牧诗句：“一骑红尘妃子笑，无人知是荔枝来。”唐明皇与杨贵妃在园囿中闲坐，下面山路上一骑快马飞奔，马上人高捧一盘荔枝，绝尘而来。《新唐书》记载：“妃嗜荔枝，必欲生致之，乃置骑传送，走数千里，味未变已至京师。”堪称大唐第一生鲜快递。有一个荔枝品种因此被称为“妃子笑”。沿途百姓看见这疾如飞鸟的驿马，以为传递的是怎样重要的情报呢。

介绍
原来是一种传话的礼仪

“介绍”是今天常用的口头语，把某人介绍给某人，为居中引见、沟通之意。这个词的源头非常古老，乃是聘问时的一种礼仪，而且有着今人所无法想象的复杂程序。

所谓聘礼，今天的含义非常狭窄，专指订婚时所备的财礼，但是最初的时候，聘礼是指诸侯与诸侯之间相互聘问之礼。诸侯之间派遣卿、大夫互相通问称“聘”，小规模的聘称“问”，通称“聘问”。

既然聘问，就要有一定的礼节，本文以《礼记·聘义》为例，简单讲解一下相应的礼节。

“聘礼，上公七介，侯、伯五介，子、男三介，所以明贵贱也。”周代的爵位分为五等，即公、侯、伯、子、男。什么叫“介”？原来，“介”是指宾客的随从，担当在宾客和主人之间通报、传达的任务。按照聘礼的规定，爵位为上公的诸侯，派遣使者出聘的时候要用七个“介”，爵位为侯、伯的诸侯要用五个“介”，爵位为子、男的诸侯要用三个“介”。这就是等级制所要求的“明贵贱”。

“介绍而传命，君子于其所尊弗敢质，敬之至也。”“绍”有继承、接续之意，“介绍”即用来形容几个“介”一溜儿排开，一个挨着一个并列站立的情景。众“介”并列站好，然后才传达自己国君的命令，这是表示君子对于他所尊敬的人不敢以平等地位自居，而是表现得极其尊敬。

“三让而后传命，三让而后入庙门，三揖而后至阶，三让而后升，所以致尊让也。”诸侯派遣的使者要辞让三次才传达自己国君的命令，再辞让三次才进入对方国君的宗庙之门，进门之后，与对方国君互行三次揖礼才来到阶前，再辞让三次后，对方国君率先登上台阶，使者才跟着登上台阶。这些礼节都是尊敬、谦让的表示。

“卿为上摈，大夫为承摈，士为绍摈。”这是指主国派出的迎宾之人。“摈”通“傧”，代表主人接迎宾客并赞礼的人，地位和“介”相当，所谓“主有摈，客有介”是也，今天婚礼中的男、女傧相担任的就是这个角色。主国的卿担任“上摈”；大夫担任“承摈”，“承”是辅佐的意思；士担任“绍摈”，是接续“承摈”的意思。

此外还有许许多多繁复的礼仪，不再赘述。

“介绍而传命”，这就是“介绍”一词的原始语义，“介”一个挨着一个并列站立的场景如在眼前。后世删繁就简，早就不再行这种种极其烦琐的礼仪，因此“介绍”的本义也就不再为人所知，而仅仅演变成几句话的引见了。

杨邦基（？—1181），字德懋，号息轩，华阴（今属陕西）人。仕金为秘书少监、翰林学士、永定军节度使。能文善画，尤以山水、人物、鞍马见长。

近代学者陈仁涛1953年书跋时，首次指出《聘金图》卷描绘的是宋使访金的情景。当中作驿亭，翼以长松。四外杳霭苍烟，剩山残水，若有若无。亭中几案空陈，酒浆不设。亭南有金驿使三人，一抱琵琶，作酬客已将归状。亭西石磴上一汉服贱役，眷眷目送宋使行。石磴西有宋使四人，神态萧瑟，马上窃议未即行。再向西一金卒揽辔返顾，又一卒背驿书打马前行。

古时，代表国家访问友邦曰“聘”。宋金虽两国并立，然强弱悬殊。披览此图，宋人丧败之辱，金人骄矜之情，可历历得之。杨邦基之父为宋易州州佐，城陷，戕于金，邦基以齿稚匿僧舍得免。题跋者谓其“忠烈之嗣”“孤臣孽子”“其操心也危，其虑患也深”，此卷笔墨之沉痛可知矣。

《聘金图》（局部），传金代杨邦基绘，绢本设色长卷，美国大都会艺术博物馆藏。

天字第一号
“天字”为何能代表第一？

“天字第一号”是一个家喻户晓的日常俗语，人人都知道是指第一等的、第一流的、最高的、最强的和最大的。可是“天字”是什么？它怎么就能代表“第一号”呢？

原来，这个俗语出自古代的科举考试。科举考试都在贡院进行，为了便于管理，贡院里的每一间号房都要编号，但这个编号的依据不是现在的一二三四或者 ABCD，而是《千字文》。

《千字文》原名《次韵王羲之书千字》。南朝梁武帝为教子侄辈练习书法，命大臣殷铁石从王羲之所写的书碣碑石中拓出互不重复的一千个字，但这一千个字互相之间没什么联系，于是又命周兴嗣将之编成有意义的句子。史载周兴嗣一夜编成，鬓发皆白。

《千字文》由总共二百五十个隔句押韵的四字短句构成，内容包罗万象，行文流畅，气势磅礴，辞藻华丽，是古代最优秀的童蒙读物。《千字文》第一句是“天地玄黄”，也就是说“天”这个字是《千字文》的第一个字。贡院里那些号房就是用《千字文》里的每一个字来编号的，“天”是第一个字，因此第一排的第一间号房就是“天字”号房，也就是“天字第一号”。这就是这句俗语的最早来源。

古时候对数目大的东西或者事物，都是拿《千字文》来编号的，比如宋真宗时期编成了一部四千五百六十五卷的《道藏》，分装在四百六十六函中，每一函都按《千字文》的顺序编号，起于“天地玄黄”的“天”字，终于“宫”字，所以人们称这部《道藏》为《大宋天宫宝藏》。

《儒林外史》第二回“王孝廉村学识同科 周蒙师暮年登上第”中有一段情节，描写了屡试不中的周进参观贡院号房的场景：“到了龙门下，行主人指道：‘周客人，这是相公们进的门了。’进去两边号房门，行主人指道：‘这是天字号了，你自进去看看。’周进一进了号，见两块号板摆得齐齐整整，不觉眼睛里一阵酸酸的，长叹一声，一头撞在号板上，直僵僵不省人事。”屡试不中，不管是哪个字代表的第几号，都成了举子的终生梦魇。

翰院秉衡

時年三十八四十七

萬曆甲戌入禮闈分校易一房主考則豫所呂公東岑王座

師癸未以侍讀分校易二房主考則同麓余座師海嶽許公

是秋九月同王對南主武闈試所淂士敭歷中外者文武共數十

人雖升沉各殊顧無一人以貪墨苛暴削籍者良自慶也

鹽鹺掌故言究竟無雅作亦後具體要聊示黜浮薄一再秉文衡

玄夜勤祓濯魚目不淂混明珠時在握閱武亦校文儻其韜略

薦賢故臣職上賞非所博文武各歷敭中外殊不悉雖鮮赫赫稱

頗亦著端慤

《徐显卿宦迹图·棘院秉衡》，明代余士、吴钺绘，绢本设色，万历十六年（一五八八），北京故宫博物院藏。

徐显卿（1537—1602），字公望，号检庵，南直隶长洲县（今江苏苏州）人。明代隆庆进士，在翰林院、詹事府任职多年，历官国子监祭酒、詹事府詹事，升翰林院侍读学士，掌院事。万历十五年（1587）补礼部右侍郎，次年转吏部右侍郎，因遭言官攻讦，上疏请求致仕，返回江南，在宜兴县终老。

《徐显卿宦迹图》是像主徐显卿委托太仓余士、歙县吴钺两位画师合作绘制的彩绘图册，历历描绘其一生际遇。图册现存二十六开，对开有徐显卿亲笔所书诗及诗序。画作设色古艳，用笔精细，烟云烘染，意境深宏，至于衣冠建筑、官场威仪、馆阁制度，恍如重现，对研究明代朝会、经筵、科考、冠服等都有重要价值。

此幅描绘了徐显卿在贡院主持闱试的情景。贡院以荆棘遍置围墙，故称“棘院”。画面上是北京贡院的俯瞰景。晨雾蒙蒙，天色尚未大亮，士子们已一一依号入闱，考官们也已就位，气氛肃穆。其中穿红色官服者为徐显卿。明初贡院只用木板、苇席等物搭建，天顺七年（1463）会试时贡院失火，烧死一百多名举人，后改成以砖瓦结构为主的房间。此画中两侧考棚已为砖瓦房，不知哪一间是天字第一号房呢？

心怀叵测
“叵测”原来是褒义词

“叵测”是一个由原来的褒义词变成今天的贬义词的典型个案。

“叵（pǒ）”是“可”的反字，即把“可”反过来写就是“叵”，因此本义就是“不可”。“叵测”是不可预测的意思，在今天只有贬义，形容诡诈难测，比如居心叵测、心怀叵测，形容人内心诡诈、深不可测。

《新唐书·尹愔传》载，尹愔（yīn）是唐玄宗时期著名的博学之士，尤其精通老子的《道德经》，因此做了道士。玄宗好道，将尹愔召入宫中聊天，一聊之下，非常投机，立刻封官，请他领头修国史。但尹愔是道士啊，坚决推辞不干，玄宗于是下诏，特许尹愔可以穿着道士服上班，尹愔这才就职。尹愔经常在国子监讲学，阐发自己的独到见解，“听者皆得所未闻”。

年轻的时候，尹愔曾经在国子监学习，师从国子博士王道珪。尹愔是王道珪的学生中最有学问的，因此王道珪对别人称赞道：“吾门人多矣，尹子叵测也。”王道珪认为学生中只有尹愔的学问深不可测，别的学生都比不上他。“叵测”在这里是一个地地道道的褒义词。

后人用“叵测”来形容人心，人心深不可测，当然偏向于贬义，因此“叵测”跟奸邪联系在了一起。《大宋宣和遗事》中就是这样使用的。宋徽宗微服私会李师师已是朝廷中公开的秘密，可是没人敢劝谏。有个叫曹辅的小官上书劝谏，宋徽宗大怒，罢了曹辅的官儿。谏议大夫张天觉为曹辅抱打不平，上书指责宋徽宗不能容纳忠臣，反而听信谗言，“万一有奸邪叵测之

《精镌合刻三国水浒全传》卷首版画插图『燕青月夜遇道君』，明代罗贯中、施耐庵撰，李贽批，明末雄飞馆刊本。

此幅描绘的是百回本《水浒传》第八十一回“燕青月夜遇道君”。“道君”即当时的皇帝宋徽宗。浪子燕青领了宋江密令，乔装打扮接近李师师。在梁山泊众好汉当中，燕青最是卓尔不群，风流俊美，吹拉弹唱、弓术拳法无一不精，李师师很是为他所倾倒，二人结为姐弟。在李师师的引见下，燕青面见了扮成白衣秀士由地道前来密会李师师的宋徽宗，将宋江等人无心对抗朝廷、指望招安、愿为国出力的心意告知皇上，最后成功得到一纸赦书。

画面上是李师师的闺房，红灯绣帐，暖玉温香。李师师捧酒，道君正坐，下面燕青吹笛助兴。宋徽宗不听劝谏，私会妓女，可不就被“居心叵测”的宋江给算计了。

情，陛下悔之晚矣！”。张天觉的意思是万一有奸邪之辈做出不可预测的事情，危及皇帝的性命，那时可就悔之晚矣。

今天的“心怀叵测”“居心叵测”只用于贬义，而且语感非常重。

公子
原来指诸侯的庶子

“公子”之称人尽皆知，古典戏曲和古装电视剧中常常出现这个称谓，或者有权有势，或者富贵人家的子弟都可称“公子”，甚至它还可以是对一切年轻男子的尊称。鲜为人知的是，在演变为此类泛称之前，“公子”的语义极为单一。

帝王和诸侯的嫡长子称“世子”。《春秋公羊传·僖公五年》中解释说：“世子贵也，世子犹世世子也。”东汉学者班固所撰《白虎通义》中解释得更加清楚：“所以名之为世子何？言欲其世世不绝也。”因此，“世子”其实就是太子。

嫡长子以外的诸子统称为“众子”；再细分的话，妾所生之子称“庶子”，“庶”即庶出之意。诸侯的庶子即诸侯的妾所生之子方才称“公子”。《礼记·玉藻》中规定：“公子曰臣孽。”“公子”对自己的国君自称“臣孽”。树木的旁支和被砍伐的树木再生的新芽都叫“蘖”，以之相比附，庶子和家族的旁支称“孽”。

诸侯的妾所生之子为何称“公子”呢？这是因为诸侯的封号是“公”，爵位的最高一级，“公”的嫡长子既然已经有了专用的称谓“世子”，嫡长子以外的诸子也已经有了专用的称谓“众子”，那么，为了加以区分，就把诸侯的庶子称作“公子”。比如战国时期著名的信陵君魏公子无忌，乃是魏昭王的小儿子，太子（后来的安釐王）的异母弟，因此称他为“魏公子”。

《仪礼·丧服》中规定："公子为其母，练冠，麻，麻衣縓缘。""练冠"指用粗布做成的冠；"麻"指服丧时系在头部或腰部、用麻制成的带子；"麻衣"指白布深衣，上衣、下裳相连，纯用白布，不加彩饰，即《诗经·国风·蜉蝣》吟咏的"麻衣如雪"；"縓（quàn）"是浅红色，"縓缘"即指浅红色的边饰。

这几句话说的是"公子"为生母服丧的礼制。郑玄注解说："公子，君之庶子也。"国君的妾所生之子为生母服丧，所穿的丧服不在"五服"制度之中，这是因为"君之所不服，子亦不敢服也"，国君不为妾服丧，妾之子也要比附国君，即使是生母，也不能按照正统的"五服"制度来为生母服丧。可见"公子"的地位之低下。

有趣的是，诸侯之女则称"女公子"。《左传》中"女公子"的称谓仅一见，这就是《左传·庄公三十二年》的一则记事："初，公筑台，临党氏，见孟任，从之。闭。而以夫人言，许之，割臂盟公。生子般焉。雩，讲于梁氏，女公子观之。圉人荦自墙外与之戏。子般怒，使鞭之。公曰：'不如杀之，是不可鞭。荦有力焉，能投盖于稷门。'"

这段记事的意思是：起初，鲁庄公建造高台，可以看到党家。在台上他看到党家的大女儿孟任，就跟着她走。孟任闭门不接受庄公。庄公答应立她为夫人，孟任就同意了，割破手臂与庄公盟誓。后来就生下了子般。"雩（yú）"指雩祭，为求雨而举行的祭祀。有一次要举行雩祭，事先在大夫梁氏的家里演习，庄公的女公子在场观看。"圉人"指养马人，名叫"荦（luò）"，他从墙外对她进行调戏。子般发怒，让人鞭打荦。庄公说："不如杀了他，这个人不能鞭打。他很有力气，能举起稷门的城门扔出去。"

西晋学者杜预注解说："女公子，子般妹。"子般是鲁庄公的妾孟任所生之子，故以"公子"名之，可见"女公子"是指诸侯庶出的女儿。

这就是“公子”和“女公子”称谓的语源，它们最初只能称呼诸侯庶出的儿子和女儿，后来词义才得到扩展。实行一夫一妻的婚姻制度之后，人们就更不懂得这两个称谓的原始语义了。

李唐（1066—1150），字晞古，河阳三城（今河南孟县）人。北宋南渡而入南宋的画院画家，精于山水画和人物画。这幅长卷分为六段，采用连环画形式，描绘了晋公子重耳因骊姬之乱所引起的储嗣之争而被迫出奔，辗转流亡列国十九年，终于伺机归国即位的故事。每段都有树石、车马、房屋作配景并宋高宗赵构手书《左传》中相关章节。人物各具情态，刻画从容。

晋文公，姬姓，晋氏，名重耳，晋献公次子，其母为大戎狐姬，其兄为太子申生，其弟为公子夷吾。骊姬之乱中，太子被逼自尽，公子重耳、夷吾皆出逃，各有际遇。这部分是画卷最后一段，公子重耳终于成功复国，乘驷马之车，戴冕旒，在侍卫仪仗的簇拥之下“朝于武宫”。重耳即位后成为春秋五霸之一，在位九年，开创了晋国长达一个多世纪的中原霸权。此卷以晋文公喻宋高宗，强调其忍辱负重、中兴复国的志愿，带有政治宣传画的意味。

《晋文公复国图》（局部），宋代李唐绘，绢本设色长卷，美国大都会艺术博物馆藏。

不齿
“齿”原来是排座次

“不齿”表示极端鄙视。为什么用牙齿的“齿”来表达这个意思呢？“不齿”最初的词义又是什么呢？

东汉学者刘熙所著《释名·释形体》中解释说：“齿，始也，少长之别始乎此也，以齿食多者长也，食少者幼也。”“齿”因此用来指人的年龄，比如“年齿”就是年龄，“齿列”是按照年龄排列，“不齿”的本义也就是不按照年龄排座次前后，定尊卑之别。

《周礼》记载，周代有“党正”一职，职责之一是祭祀饮酒的时候负责“正齿位”，即按照年龄的大小来定座次。对于有官爵的人来说，还有这样的规定：“一命齿于乡里，再命齿于父族，三命而不齿。”

什么叫一命、再命、三命？周代的官爵分为九等，称作“九命”。一命是最低级的官吏，比如天子的下士和公、侯、伯的士；再命是比一命高一级的官吏，比如天子的中士和公、侯、伯的大夫；三命又是比再命高一级的官吏，比如公、侯、伯的卿……依此类推，天子的三公（太师、太傅、太保）是八命的官爵，出封时加一命，称为上公，这是最高的九命的官爵。

那么，“一命齿于乡里，再命齿于父族，三命而不齿”的意思就是：有一命这个最低官爵的人，要和同乡的众宾序齿，按照年龄排座次；有再命这个官爵的人，要和父亲的亲族序齿，按照年龄排座次；有三命官爵的人，则“不齿”，因为官爵高的缘故，不按照年龄排座次，而是安置在座席的东边，以示尊敬。这就是“不齿”最初的词义。

《帝王道统万年图》第十八幅《唐太宗幸国子监》，明代仇英绘，绢本设色，台北故宫博物院藏。

《帝王道统万年图》共二十幅，描绘从伏羲氏至宋仁宗等明主事迹，对幅有顾可学题记，应是仇英应顾氏请托而绘，用以进献朝廷，求得仕进。全册下笔精熟，赋青绿重彩，间或掺用泥金钩边，华丽细腻。

这幅描绘的是贞观十四年（640）唐太宗幸国子监，命祭酒孔颖达讲《孝经》之事。国子监是唐代中央官学，当时教育体系中的最高学府，即古之太学，简称国学。“天子入国学，以行礼也；太子入国学，以齿让也。”贞观元年（627）将国子学改称国子监，设祭酒一人，相当于今天的大学校长。“凡学六，皆隶于国子监。”唐太宗十分重视教育，数幸国子监，大征天下名儒为学官，扩建校舍，一时四方学者云集，“升讲筵者至八千余人”。国学尚齿贵信，尚贤贵德。皇太子入学国子监，也要“以年大小为次，不以天子之子为上”，此谓之“齿胄之礼”。

有趣的是，本来表示出于尊敬而不排座次的“不齿”一词，竟然可以引申为对罪人的惩罚！《周礼》记载，周代规定，犯罪的人关到监狱里，如果能够改过自新，则“返于中国，不齿三年”。“返于中国”指返回罪人的家乡，“不齿”，郑玄注解说：“不得以年次列于平民。”意思是说不能按照年龄的大小列于平民之籍，而是打入另册，表现好的话才能“列于平民”。

《礼记·王制》中也有相同的规定：对于乡里不遵循教导的人，如果反复教导之后仍然不改，则先“移之郊”，距国百里为“郊”；再不变则“移之遂”，远郊之外为“遂”；再不变就要“屏之远方，终身不齿”，远方指九州之外，“不齿”，郑玄注解说：“齿犹录也。”孔颖达解释说：“以年相次，是录其长幼，故云‘齿犹录也’。”因此这里的“不齿”一词指不收录于乡里的户籍。

“不得以年次列于平民”“终身不齿”，这些都是对罪人的惩罚，因此“不齿”引申为极端鄙视。

白日见鬼
本指清水衙门

白天看见鬼当然是一件不可能的事情，因此“白日见鬼”这个俗语用来比喻虚妄怪诞或者极端离奇之事。有时候人们办事不顺心，或者轻易就能办好的事偏偏出了错，也会来上一句：“真是大白天撞见鬼了！”

不过，鲜为人知的是，这个俗语的原始含义却并非如此。像很多民间俗语一样，“白日见鬼”同样出自民间流传的民谣，陆游在他那本著名的《老学庵笔记》中记录下了这些民谣，不仅给后人留下了“白日见鬼”的俗语，而且还提供了鲜明的历史见证。

北宋时期的中央政府沿袭唐制，分为六部，即吏部、户部、礼部、兵部、刑部、工部。北宋后期的一首民谣对六部的职能和日常状态进行了有趣的调侃。先录民谣再解释：“吏勋封考，笔头不倒；户度金仓，日夜穷忙；礼祠主膳，不识判砚；兵职驾库，典了袯裤；刑都比门，总是冤魂；工屯虞水，白日见鬼。”

六部每部各有四个司，六部共有二十四个司，合称“二十四曹”，这首民谣每句前面都是各司的名称。

“吏勋封考”，吏部下设吏部司、司勋司、司封司、考功司，故称“吏勋封考”。吏部相当于今天的人事部、组织部等部门，掌管官员的升迁等事务，所以总是地方官的孝敬对象，故曰“笔头不倒”，天天忙得要命。

“户度金仓”，户部下设户部司、度支司、金部司、仓部司，故称“户度金仓”。户部相当于今天的财政部，可想而知事务繁忙，故曰“日夜穷忙”。

“礼祠主膳”，礼部下设礼部司、祠部司、主客司、膳部司，故称“礼祠主膳”。礼部相当于今天的教育部、外交部、文化部、宣传部等部门，不过北宋时期的礼部清闲得很，没什么文书可写，故曰“不识判砚”。

“兵职驾库”是兵部的四个司——兵部司、职方司、驾部司、库部司。不过北宋时期兵部的军事大权都被枢密院剥夺，因此兵部穷得要典当“袯（bó）裤”，袯裤即雨裤。

“刑都比门”是刑部的四个司——刑部司、都官司、比部司、司门司。刑部相当于今天的司法部，掌管法律刑狱，不过审判权归大理寺，刑部只负责复查等事，故曰“总是冤魂”。

“工屯虞水”是工部的四个司——工部司、屯田司、虞部司、水部司。工部相当于今天的建设部、农业部、水利部等部门，不过凡是有油水的重大工程都被宫中的内府抢去了，工部变成了一个清水衙门，衙门里清闲冷落、人迹稀少，大白天甚至都可以看见鬼在游荡，故曰“白日见鬼”。

这就是“白日见鬼”这个俗语的最早出处，形容衙门的冷落，跟今天的意思迥异。

《睢阳五老图》之冯平像，北宋佚名绘，绢本设色，美国弗利尔美术馆藏。

《睢阳五老图》绘北宋仁宗时五位归老睢阳（今河南商丘）的致仕（退休）高官之肖像，包括太子太师、祁国公杜衍，礼部侍郎王涣，司农卿毕世长，兵部郎中朱贯，驾部郎中冯平。五人皆寿至八十以上，耆年退归乡里，常于暇日雅集宴乐，为五老之会，时人慕之，绘为图卷，以纪其胜。

此图于五老生前绘成，神情状貌真实生动，是极为难得的宋代肖像画。图卷原由五老后人收藏，至清代乾隆年间改装成册页，中华民国时期流入美国，变为散页，五老分藏于三馆。这幅冯平像与王涣像一起藏于弗利尔美术馆。

画上冯平乌巾绿袍，白须白眉，叉手而立，样貌庄重安详。他退休前为驾部郎中。驾部乃兵部之一司，掌舆辇、车马、驿置、厩牧之事。北宋初年，驾部郎中为五品寄禄官。仁宗一朝，承平日久，对外无重大战事，对内亦无重大革新，驾部郎中又是冷衙闲官，冯平太太平平退休，优游乡里，颐养天年。

冬烘先生
为何称“冬烘”？

“冬烘”是民间俗语，日常口语中常用，讽刺人迂腐浅陋。“冬烘先生”当然就是指迂腐浅陋的人，过去常用来讽刺私塾里不问世事的教师。“冬烘”一词的出处很多人都知道，但是为什么称“冬烘”，不仅人们不知道，所有的辞典也都没有解释。

“冬烘”一词出自唐代一个有趣的故事。唐末五代时人王定保所著《唐摭（zhí）言》一书保存了唐代文人雅士的许多遗闻佚事，其中“误放”一条中记载：“郑侍郎薰主文，误谓颜标乃鲁公之后。时徐方未宁，志在激劝忠烈，即以标为状元。谢恩日，从容问及庙院。标，寒畯也，未尝有庙院。薰始大悟，塞默而已。寻为无名子所嘲曰：‘主司头脑太冬烘，错认颜标作鲁公。’”

颜真卿，唐代宗时被封为鲁郡公，人称“颜鲁公”。颜真卿不仅是著名书法家，而且还是一代名臣，安史之乱时，颜真卿率兵抵抗，被推为十七郡盟主，有效地遏止了安禄山的攻势。唐德宗时，淮西节度使李希烈叛乱，颜真卿奉命前往劝谕，面对李希烈的劝降，威武不屈，结果以七十七岁的高龄被李希烈缢杀。

这是“错认颜标作鲁公”一诗的背景。话说唐宣宗时的礼部侍郎郑薰主持科举考试，有个考生名叫颜标，郑薰误以为他是颜真卿的后人，刚好当时徐州一带的兵变尚未平息，为了激励忠烈，遂取颜标为状元。颜标拜见郑薰谢恩的时候，郑薰询问他的“庙院”，名门望族世有官祭的宗祠称作

《全本红楼梦·老学究讲义警顽心》，清代孙温、孙允谟绘，绢本设色，旅顺博物馆藏。

“老学究讲义警顽心”出自《红楼梦》第八十二回，已非曹雪芹原稿。此回讲贾宝玉再次入家塾，仍是跟随贾代儒学习。贾代儒十分严厉，宝玉迟到，他很生气，课后单独让宝玉过去讲书，拈出“后生可畏”“吾未见好德如好色者也”两句，以警示宝玉。宝玉是最讨厌假道学和八股文章的，自然满心不欢。

贾代儒是贾府中“代”字辈的长辈，没考上举人，一生落魄，勉强当了贾府义学的司塾。为人古板迂腐，学问平平，亦不善教育子弟。从“嗔顽童茗烟闹书房”一回，可以看出贾府家塾已是一团乌烟瘴气，毫无学风可言，贾代儒难辞其咎。他中年丧子，只有一个不成器的嫡孙贾瑞，望孙成龙，却只知严管责打，最后断送了贾瑞性命。就是这样一位“冬烘先生”，可怜又可笑。

“庙院”。岂知颜标乃“寒畯（jùn）”，即寒微之士，哪里有什么“庙院”！这一下郑薰方才醒悟过来，但已经板上钉钉，无法更改，郑薰是哑巴吃黄连，有苦说不出。有人于是作诗嘲笑他：“主司头脑太冬烘，错认颜标作鲁公。”

出典既明，那么“冬烘”一词该作何解呢？原来，这是从郑薰的名字上化出的。薰，烧灼、烘烤，恰好与“烘”同义；冬烘，冬天烘烤，恰好又符合“薰”的和暖、温和之意。因此，“冬烘”即化用郑薰名字中的“薰”字来对其加以讽刺。这就是“冬烘”这个俗语和“冬烘先生”这个称谓的由来。

名列前茅
“前茅”原来指军旗

“名列前茅”这个成语的意思是考试、评比时名次列在前面。那么“茅”是什么东西？是指茅草吗？如果是指茅草，那么茅草为什么会置于前面呢？

原来，这个成语中的“茅”不是指茅草，而是一个通假字，通“旄”，竿顶用牦牛尾做装饰的旗帜，又叫“茅旌”或“旄旌”。

《公羊传·宣公十二年》载：楚庄王讨伐郑国，“郑伯肉袒，左执茅旌，右执鸾刀，以逆庄王”。肉袒，敞开上衣，表示谢罪。茅旌，何休注解说：“祀宗庙所用迎道神，指护祭者。”就是祭祀时导神的旗帜。鸾刀，何休注解说：“宗庙割切之刀，环有和，锋有鸾。执宗庙器者，示以宗庙不血食，自归首。”和、鸾都是铃铛。郑襄公知道打不过楚国，于是将宗庙祭祀所用的茅旌和鸾刀都拿了出来，意思是投降，宗庙里也不再受享祭品了。这是谢罪的表示，故称“自归首”。

《左传·宣公十二年》载：“军行，右辕，左追蓐，前茅虑无，中权，后劲。”这段话详尽描述了楚国军队出行的规制：右辕，右军跟从将军的车辕而进退；左追蓐，“蓐（rù）”是宿营时铺在地上供人躺卧的草垫，左军打草制蓐以备宿营之用；前茅虑无，前军以茅旌开路以防意外；中权，中军负责谋划全局；后劲，后军以精兵压阵。

这就是“前茅”一词的出处。古时军制，必以前军开道，使用不同的旗帜告知后军前方的情况，比如《礼记·曲礼上》中规定：“前有水，则载青旌；前有尘埃，则载鸣鸢；前有车骑，则载飞鸿；前有士师，则载虎皮；

前有挚兽，则载貔貅。”前面发现有水，则举起画有青雀的旗帜，青雀是水鸟，故以此示警；前面发现有尘埃，则举起画有鸣鸢（yuān）的旗帜，鸢鸣而风生，风生而尘埃起，故以此示警；前面发现有成队的车马，则举起画有鸿雁的旗帜，雁群成行飞行，与车骑相似，故以此示警；前面发现有兵众，则举起虎皮置于旗上，取虎威猛之意，故以此示警；前面发现有凶猛的野兽，则举起画有貔貅（pí xiū）的旗帜，貔貅也是猛兽，故以此示警。

“前茅”由前军所举的茅旌引申为先头部队，再引申出考试、评比时名次列在前面的“名列前茅”这个成语，不过早已失去了“茅旌”的本义，后人因而只知其然而不知其所以然了。

《诗经·小雅·鹿鸣之什图》『出车』，南宋马和之绘，赵构书，绢本设色长卷，北京故宫博物院藏。

周宣王初年，以南仲为统帅征讨北方的猃狁（xiǎn yǔn），取得胜利。《小雅·出车》以一位武士的口吻，自述跟随南仲出征及凯旋的经历，热情颂扬了南仲的赫赫战功。全诗六章，描绘了受命点兵、建旗树帜、出征北伐、转战西戎、途中怀乡、得胜而归六个画面，拼成一幅广阔的古战图。

第二章以军旗之猎猎招展写兵车集合、誓师城郊的军容之壮："我出我车，于彼郊矣。设此旐矣，建彼旄矣。彼旟旐斯，胡不旆旆？忧心悄悄，仆夫况瘁。"画面上，车辚辚，马萧萧。画有龟蛇的旗子"旐（zhào）"，用牦牛尾装饰的旗子"旄"，画有鹰隼的旗子"旟（yú）"，无不"旆（pèi）旆"地猎猎招展。以旗帜画出行军的威风，有锐不可当的气势。

伙计
为何指同伴？

“伙计”一词今天的日常口语中仍然在使用，义项集中于两类：一是熟人之间的互称，含义等同于好朋友、兄弟，透着一股亲热劲儿；二是店铺尤其是饭店里的雇工。这两种称谓都是从同伴的义项而来的。那么，“伙计”为什么可以用来称呼同伴呢？

著名的南北朝民歌《木兰辞》中，木兰打完仗回到家，恢复了女儿妆扮之后，“出门看火伴，火伴皆惊忙”。可见至迟到了南北朝时期，“火伴”就已经开始用来称呼军旅中的同伴了。

《新唐书·兵志》载，唐太宗贞观十年（636），府兵（军府所属的军队）的最小编制单位为“火”：“十人为火，火有长。”而“麦饭九斗，米二斗，皆自备”，也就是说，之所以称为“火”，是因为这十人同灶共火而食。显然，这是继承了南北朝时期的兵制。

除了府兵的编制之外，守护京师的宿卫军队称“彍骑”，“彍（kuò）”是快捷之意。彍骑的最小编制单位也是“火”：“十人为火，五火为团，皆有首长。”

唐代学者杜佑所著《通典·兵典》中也有类似的记载：“五人为烈，二烈为火，五火为队。”原注：“十人，有长，立火子。”十人为“火”，立一位长官，称“火子”，这是最低级的军队官吏。

“火伴”的称谓即由此而来，最早乃是一个军事术语，后来为了区别于专指火焰之“火”，于是就添加了一个人字旁，写成“伙伴”，词义也从同灶共火而食的士兵扩展成了同伴。由这个意思引申出来的词还有“火夫”“火食”“家火”等，后来都统一改作“伙夫”“伙食”“家伙”了。

“火（伙）”字既明，那么“计”字从何而来？这要追溯到汉代的计偕制度。《史记·儒林列传》载：“郡、国、县、道、邑有好文学、敬长上、肃政教、顺乡里、出入不悖所闻者，令、相、长、丞上属所二千石，二千石谨察可者，当与计偕，诣太常，得受业如弟子。”

“二千石”指俸禄为二千石的郡守，“太常”指掌管文化教育的官员。司马贞索隐：“计，计吏也；偕，俱也。谓令与计吏俱诣太常也。”“计吏”指州郡负责掌管户口、赋税、人事等簿籍的官员，每年岁终，计吏要进京献计簿，供朝廷查验。

司马迁这段话的意思是：郡守接到下面官员举荐的贤才后，经过认真察考，可行者就让他们跟随计吏赴京，到太常那里报到，接受和太学的学生相同的教育。所谓“计偕”，即和计吏一同赴京，那么这些同路的贤才们当然就可以称作同伴。

大约从唐代开始，“计偕”一词引申而作为举人赴京会试的代称。宋代之后，市民阶层的通俗文学发达，遂将太过拗口的“计偕”一词和“伙伴”组合在一起，称作“伙计”，正如章太炎先生在《新方言》一书中所总结的：“朋辈谓之‘火计’，此合语也。元魏时军人同食者称‘火伴’，汉时吏民被征诣长安者，令与计偕，故今合语为‘火计’。”

《人物故事图册》之一『木兰从军』，清代范雪仪绘，绢本设色，北京故宫博物院藏。

作为一位女性画家，范雪仪描绘木兰的故事时，选取的角度很有趣，既没有渲染战场上的英姿，也没有着墨于离家从军时的悲壮，而是选择木兰从军十二年后还家一幕。战马已拴在树下，木兰回到旧日闺房，在姊妹帮助下，脱去战时袍，换回女儿装。年幼的弟弟围着她转，房间里充满家庭的温馨，战争已显得非常遥远。门外是几个木兰军旅中“同行十二年”的“火伴”，他们还未卸下武器和军旗，站在那儿高谈阔论，也许是夸耀军功，也许是谈论家乡。他们还不知道，一会儿换了红妆的木兰婷婷走出，会让他们何等惊讶呢。

团结
原来是民兵组织

“团结”今天最常用的义项是和睦、友好，也可以当作动词用，比如“团结一切可以团结的力量”。但鲜为人知的是，这个词最早却是名词，而且是一种军事组织的名称。

《资治通鉴》卷二百二十五载，唐代宗大历十二年（777），“定诸州兵，皆有常数，其召募给家粮、春冬衣者，谓之‘官健’；差点土人，春夏归农，秋冬追集，给身粮酱菜者，谓之‘团结’”。

这是唐代初期起兵农合一的府兵制的军事制度。所谓“官健”，宋元之际学者胡三省注解说：“兵农既分，县官费衣粮以养军，谓之官健，犹言官所养健儿也。”而“团结”则是世世代代居住在本地的所谓“土人”，春夏时在家务农，秋冬农闲时被招募到军队中，发给军粮，类似于后世的民兵组织。

宋代抗金名臣李纲曾向朝廷上《乞修军政札子》，其中写道：“臣窃以大军之礼，用众也。军之所以积少为众，联属不散，可恃以胜敌者，以其有纪律也。团结则有保伍之联，教阅则有战阵之制，披执则有甲胄五兵之利，进止则有金鼓旌旗之节，禁戒则有号令之威，上下则有陛级之法。”百姓每五家编为一“伍”，又立“保”互相统摄，故称“保伍”，泛指乡间的户籍编制。“团结”就是建立在“保伍”这一户籍编制之上的军事组织。

李纲又说：“自童贯、高俅主兵以来，其制始坏。团结、保伍废而无以相维持，教阅、战阵废而无以习攻击，甲胄五兵初不服练，旌旗金鼓初不习熟，禁戒号令之威不振而无以作士气，上下陛级之法不行而无以一士心。”这是对主和派童贯和高俅的严词指控。

“团结”一词由指临时招募而来的民兵组织引申为集结、联合，再引申为同一组织之内的和睦、友好，这就是这个词的来龙去脉。

《通俗水浒传豪杰百八人之一个　天目将彭玘》，歌川国芳绘，一八二七—一八三〇年。

彭玘（qǐ）是《水浒传》中一百零八好汉之一，累代将门出身，使一口三尖两刃刀，人称天目将，原为颍州团练使。他随呼延灼征讨梁山，被扈三娘生擒，遂归降。梁山大聚义时，排第四十三位，上应地英星，是马军小彪将兼远探出哨头领之一，常与韩滔搭档。

画中是一员猛将，盔甲鲜明，却手持绳索，呈俯首姿态，正是彭玘归降一幕。彭玘因轻敌被扈三娘以红锦套索生擒活捉。宋江亲解其缚，以礼相待，于是彭玘真心纳降，后又劝降凌振。

梁山好汉中，韩滔、彭玘与单廷珪、魏定国这两对搭档都是团练使出身。团练使，全名团练守捉使，唐代设置，是负责一方团练（即地方自卫队）的军事官职，地位次于节度使。不过到了宋代已成虚职，诸州团练使为武臣之寄禄官，无定员，无职掌，不驻本州。像彭玘虽被封为颍州团练使，并不会真的去颍州就职。

通俗水滸傳豪傑百八人之一個
天目将彭玘
東京
潁州の
團練使なり
宋江に
京れ城
虎峪に
ひの戦ひ数多
敵の軍士を生擒
一勇齋國芳

全军尽墨
原来是形容全军穿丧服

“全军尽墨”虽然不是一个辞典中收录的成语，但在书籍和报刊中的使用频率却相当高，用来形容军队在战争中全部覆灭，也可以用来比喻在体育竞赛或选举等竞争性项目中一败涂地。那么，问题就来了：很显然，“墨”是这个词的中心词，它为什么会具备死亡或者失败的义项呢？

“墨”从土从黑，这表明它是一种黑色的矿物颜料，因此《说文解字》中说：“墨，书墨也。”墨即书写所用之墨。但既然从黑，当然也可以表示黑色，比如五刑之一的墨刑，就是指在额上刺刻，然后涂以黑色，作为罪犯的标志。

不过，“墨”和战争产生联系，还要追溯到春秋时期起源于晋国的一项鲜为人知的制度。对这一制度的记载出自《左传·僖公三十三年》。秦穆公即位后，秦国国势强盛，于是就想图谋中原，但东进的道路却被强大的晋国所阻断。公元前628年冬，春秋五霸的第二位霸主晋文公去世，秦国看到机会来临，就于第二年春东进，打算越过晋国攻打郑国，但郑国已有防备，秦军只好灭掉郑国的近邻滑国，满载战利品而还。

此时，晋文公尚未下葬。在是否要和这支班师的秦军作战的问题上，晋国的将帅们发生了激烈的争论，中军将先轸力排众议，认为秦国置晋文公的丧事于不顾，企图越境攻打同姓的郑国，实属无礼，说服刚刚即位的晋襄公与秦国决战。“遂发命，遽兴姜戎。子墨衰绖，梁弘御戎，莱驹为右。夏四月辛巳，败秦师于殽，获百里孟明视、西乞术、白乙丙以归，遂墨以

《新刊校正古本大字音释三国志通俗演义》卷十一插图『死诸葛走生仲达』，明万历十九年（一五九一）书林周曰校刊本。

此版《三国志通俗演义》共十二卷，二百四十回，每回一幅版画。“死诸葛走生仲达”的故事发生在诸葛亮第五次北伐病逝于五丈原之后。当时诸葛亮死讯尚未公布，司马懿夜观天文，见一大星坠于蜀营内，怀疑孔明已死，即率军追击。追至山脚下，忽然山后一声炮响，喊声大震，只见树影中飘出中军大旗，上写一行大字“汉丞相武乡侯诸葛亮”，更有一辆四轮车，车上端坐着孔明，羽扇纶巾，鹤氅皂绦。司马懿大喊中计，撤退不迭，一路狂奔五十余里，魏兵丢盔弃甲，自相践踏，死者无数。两天后乡民奔走相告说“蜀兵退入谷中时，哀声震地，军中扬起白旗”，司马懿才知孔明果然死了，车上见到的其实是木头人。因此蜀中人戏谑说：“死诸葛能走生仲达。”

四川民间以前无论男女都喜头缠白布，据说便是当年诸葛亮逝世后，川人自发为他戴孝，因敬爱之深，千年之下，白布仍不去首。

葬文公，晋于是始墨。”

姜戎是晋国南部的附庸，两方联手，在今河南西部的殽山设下埋伏，大败秦军，孟明视、西乞术、白乙丙这三位秦军主将被俘，史称“殽之战”。

在上面的这段引文中，“子墨衰绖”，“子”指即位的晋襄公，因晋文公尚未下葬，他还不能称“公”，只能称“子”。“衰（cuī）”指用粗麻布制成的丧服。“绖（dié）”指用麻制成的丧带，系在头上的称“首绖”，系在腰上的称“腰绖”。所谓“墨衰绖”，杜预注解说：“以凶服从戎，故墨之。”也就是说，此时的晋襄公还在居丧期，身着白色的丧服，按照礼仪规定不能从戎，但这一仗又必须得打，因此将丧服染成戎服的黑色。

晋军凯旋后，“遂墨以葬文公”，晋襄公就穿着这身黑色的丧服为父亲下葬。“晋于是始墨”，杜预注解说：“后遂常以为俗。”从此之后，晋国就以黑色的丧服为常制。七十八年之后，也就是鲁襄公二十三年（前550），晋悼公夫人的哥哥杞孝公去世，晋国国卿范宣子“墨縗冒绖”服丧。“冒”指冒巾。范宣子穿的丧服、冒巾和腰绖都是黑色的，效仿的正是这一常制。

这就是“墨”的来历，本来指在家居丧时穿着白色丧服，但是遇到战争或者其他突发事故不能守丧的时候，就用黑色的粗麻布衣服代替丧服，后人将这个含义引申并加以扩展，将全军覆灭比之以尽皆穿着黑色丧服，这不正是军队死亡或失败的形象写照吗？

走后门
原来出自滑稽戏

谁都知道“走后门”是什么意思，但这句俗语是怎样来的，起源于何时，就很少有人知道了。

原来，“走后门”的语源非常早，出自北宋年间的一出滑稽戏。

宋徽宗崇宁元年（1102）用蔡京为相，蔡京开始严酷迫害元祐党人。元祐党人指宋哲宗元祐年间（1088—1094）反对变法的旧党，以文彦博、司马光等为首。蔡京拟出了一个一百二十人的庞大名单，称作“奸党”，宋徽宗亲自书写姓名，刻于石上，竖于端礼门外，史称“元祐党人碑”。凡是元祐党人的子孙，一律不许留在京师，不许参加科考，而且碑上列名的人一律“永不录用”，甚至不许出现和提到“元祐”的字眼。

南宋学者洪迈所著《夷坚志》记载了一则“优伶箴戏”的故事：有一次宋徽宗和蔡京等大臣看戏，一个伶人扮作宰相，坐着宣扬朝政之美。一个僧人请求他签署准许游方的文件，宰相一看僧人的戒牒，是元祐三年（1088）颁发的，立刻收缴毁掉，让僧人还俗。一个道士的度牒丢了，一问，也是元祐年间颁发的，立刻剥掉道士的道服，让他做平头百姓。一个士人是元祐五年（1090）获得荐举的，礼部不予录用，把他赶走了。过了一会儿，管理财务的官员附在宰相耳边小声说：“今天在国库请得相公俸禄一千贯，都是元祐钱，请示您这些钱到底要不要？”宰相低头想了半天，悄悄对官员说：“从后门搬入去。”旁边的伶人举起手中所持的棍棒，照着宰相的脊背就打，一边打一边骂：“你做到宰相，原来也只好钱！”

宋徽宗和诸大臣不约而同地噗哧一笑，只是不知道蔡京笑了没有。如此辛辣的讽刺，也只能出现在滑稽戏里面。从此之后，“走后门”就成为以权谋私的代名词，一直流传到今天。

《圣谕像解》卷三插图『暮夜却金』，清代梁延年编，康熙二十年（一六八一）承宣堂刊本。

康熙九年（1670），安徽布政使颁发“上谕十六箴”。太平府繁昌县知县梁延年认为其“铸词典雅，小民未必周知”，便用浅显语言逐条释义，附以相关古人事迹作例解，每则故事配图一幅，辑成《圣谕像解》一书，好令妇孺能知。该书共二十卷，内收精美版画二百六十幅，图版繁富，人物典雅，曲尽情态，刻画生动，想必出自徽派名手。

此幅解说的是东汉名臣杨震的故事。杨震为官清正廉洁，调任东莱（今山东莱州）太守时，途经昌邑，县令王密求见，至晚，以十金奉杨震曰：“暮夜无知者。”杨震曰：“天知，神知，我知，子知。何谓无知者？”遂拒而不受。杨震因此获得了“四知先生”“四知太守”的美誉。不知王密送金之时，走的是正门还是后门呢？

客气
是怎么变成客套话的？

“客气”这句日常俗语来源于春秋时期的一场战争。

《左传·定公八年》载，公元前502年春，鲁国以阳虎为大将侵略齐国。在廪丘外城，鲁军猛攻，守卫的齐军则用火焚烧攻城的战车，鲁军把粗布衣服浸湿灭火，很快攻破了外城。不料，齐军背水一战，反而从内城里杀将出来，鲁军只好撤退。阳虎急中生智，假装没有看见本国最有名的勇士冉猛就在军中，大声说道：“假如冉猛在这里，一定可以打败齐军！”这招激将法果然有效，只见冉猛驾着战车，哇哇暴叫着就向齐军冲了过去。还没冲到一半，冉猛回头一看，却发现没有一个人跟上来，一下就胆怯了，假装没站稳，从战车上摔了下来。阳虎遥遥望见这一幕，不由得叹道：“尽客气也！”

对阳虎口中的“客气”一词，杜预注解说：“言皆客气，非勇。”杨伯峻解释说：“客气者，言非出于衷心。”本军战败，作为有名的勇士，冉猛本来就该奋不顾身地上前冲锋，可是冉猛没有，而是很“客气”地待在军中，直到阳虎点名激将，才不得不冲上前去，哪知发现没有跟随者之后，心生胆怯，上演了一出“假摔”的闹剧。因此，阳虎评价他“尽客气也”，是说冉猛两次都不是出于内心真实的想法去行动，言行虚夸，只不过“客气”一下，应付一下而已，哪里称得上勇士？

这就是“客气”这句俗语的来源和本义。阳虎为什么会想到使用这个词呢？我想也许跟他的亲身经历有关。阳虎是鲁国权臣季氏的家臣，肯定

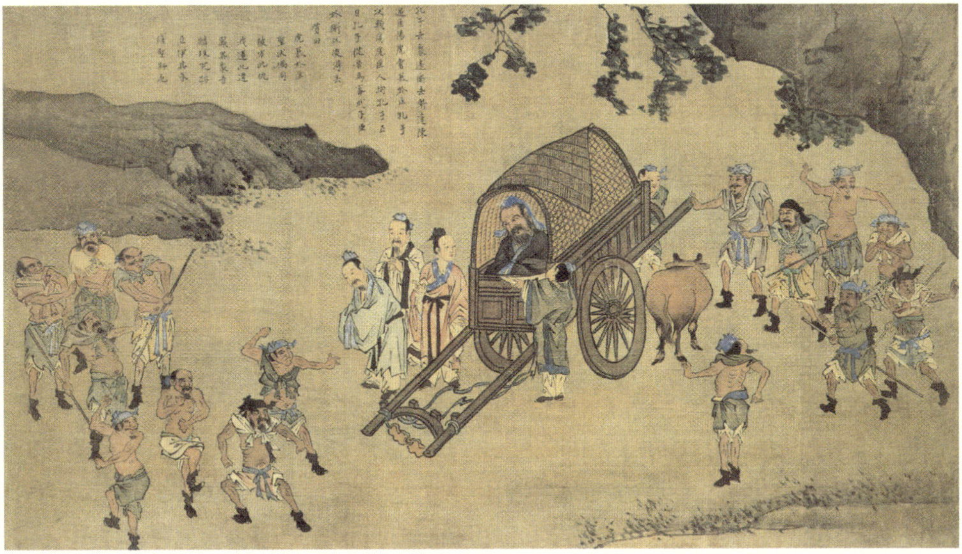

《孔子圣迹图》之『匡人解围』，明代佚名绘，绢本设色，山东曲阜孔子博物馆藏。

《孔子圣迹图》是描绘孔子一生事迹的连环图画，约产生于明代中期，兴盛于明代晚期，形成固定图谱，有石刻、木刻、手绘、填彩、壁画、珂罗版等各种载体。此图册原藏曲阜孔府，为明代佚名彩绘绢本，共三十六幅，纸裱成册，据推测为明成化、弘治年间的作品。

这幅“匡人解围”描绘了孔子一行被匡人围困的情景。公元前496年，孔子去卫适陈，路过匡邑（今河南长垣），被当地人错认成阳虎而围困了五日。阳虎一名阳货，为人专横跋扈，曾兴兵攻打匡邑，匡人恨之。传说孔子的长相与阳虎十分相似，因此遭受无妄之灾。画中孔子坐于车内，由弟子环护，前后皆是袒裸上身、愤怒叫嚣的匡人。孔子的表情十分无奈。左上方有赞曰：“虎暴于匡，圣状偶同。彼方此仇，我适此逢。凤异枭音，麟殊兕迹。匪伊其昏，维圣斯厄。”后来孔子让在卫国给宁武子做家臣的弟子求援，匡人知道认错了人，才解了围。

深谙为“客”之道，也肯定见惯了数不清的门客、客人的嘴脸。本来周礼对主客之道有详细的规定，客人上门只需按照礼节行事即可，但到了春秋乱世，礼崩乐坏，主客之道早就变得不伦不类了，因此很多客人养成了非常不好的习惯，包括反复无常、言行虚夸、谦让过度等等。

客人的这种习气给人们的印象一定非常深刻，因此除了阳虎口中的“客气”之外，古代医学也把侵入人体的邪气称作“客气”。古人还用“客”来命名新发现的星星，即“客星”：“客星，非常之星。其出也无恒时，其居也无定所，忽见忽没，或行或止，不可推算，寓于星辰之间，如客，故谓之客星。”出自明代《观象玩占》的这段解释“客星”的话倒非常像是对反复无常的客人的描述。

今天“客气”这个词已经变成了一个中性词，含有彬彬有礼、谦让之意，只有在说“您千万别过分客气了”的场合，才含有一丝贬义，指光讲场面话，不吐真言。同义词“客套”就说得更加明白了：“客”的全是套话，没有一句真心实意的话！

急急如律令
原来是汉代公文用语

道教的咒语或者符箓，结尾处常常有一句“急急如律令”，勒令鬼神按照符令执行。今天的人们仍然耳熟能详。“律令”毫无疑问是指法令，本来施之于人，怎么转而施之于鬼神了呢？

宋人赵彦卫所著《云麓漫钞》中说：“急急如律令，汉之公移常语，犹今云‘符到奉行’。张天师汉人，故承用之，而道家遂得祖述。”

“公移”指不相统属的官署间的公文，因为不相统属，所以无法直接命令，“如律令”“急急如律令”就属于催促之辞，用于汉代的诏书或檄文等的结尾处，催促交办人员要按照法令火速办理。道教的创始人张天师是东汉时人，把这句公文的习用语传承了下来，用到了道教的咒语和符箓上。“祖述”即效法、遵循前人的所作所为。

赵彦卫还抄录了一则汉代的檄文：“永初二年六月丁未朔，廿日丙寅，得车骑将军莫府文书，上郡属国都尉，二千石守丞，廷义县令三水，十月丁未到府受印绶，发夫讨畔羌，急急如律令。马四十匹，驴二百头，日给。”因为要征讨叛乱的羌人而“急急如律令”，可见催促之急。

汉末文学家陈琳所作的《为袁绍檄豫州文》历数了曹操的罪状，结尾是：“布告天下，咸使知圣朝有拘迫之难。如律令！”意思是，让大家都知道皇上有难了，大家要遵守这道檄文，就像遵守律令一样。这是用之于檄文的末尾。

唐人李匡乂在《资暇集》中给出了一个更有趣的解释：“律令是雷边捷

鬼，学者岂不知之。此鬼善走，与雷相疾速，故云如此鬼之疾走也。”按照这个说法，“律令”竟然是雷神身边疾走之鬼的名字！如此一来，“急急如律令”的意思就是：赶紧像这只疾走鬼一样快跑吧！

《历代画像传》第一册『张道陵』，清代丁善长绘，王寿伟撰，光绪二十二年（一八九六）刻本，台北故宫博物院藏。

丁善长，字心臣，号莲峰，清末书画家，山东潍县人。精于绘事，尤善人物佛像，笔法宗清代巨匠张士保。《历代画像传》为丁氏自刻本，共四册，由丁善长绘像，王寿伟撰写传略，共收历代名贤、君臣、闺媛、仙佛等各类人物版画一百三十幅，刻印精美。

这幅描绘的是道教创始人张道陵。张道陵（34—156），据传为汉代张良八世孙，本名张陵，字辅汉，道教徒尊之，便加了个“道”字，俗称“张天师”。其人身长九尺二寸，庞眉广颡，朱顶绿睛，隆准方颐，目有三角，伏犀贯顶，垂手过膝。本为太学书生，博采五经，而志在修炼，隐于蜀之鹤鸣山，太上老君授以秘箓符诀剑印，册为正一真人。看图中样貌，天师一手持剑，一手指天，似乎正以符咒号令某个神灵呢。

说项
原来是夸姓项的人

“说项”这个日常俗语，今天的意思是替人求情或说好话，比如“代人说项”等。“说项”为什么会有这样的意思呢？其中的“项”字又作何解？

原来，“说项”的“项”是指一个人，名叫项斯，唐代中晚期诗人。他生性疏旷，隐居三十余年，就松阴，枕白石，饮清泉，纵情山水，吟诗为乐。

宋代计有功《唐诗纪事》载：“斯，字子迁，江东人。始未为闻人，因以卷谒杨敬之，杨苦爱之，赠诗云：‘几度见诗诗尽好，及观标格过于诗。平生不解藏人善，到处逢人说项斯。’未几诗达长安，明年擢上第。”

杨敬之时任国子祭酒，爱才如命，因此一读到项斯的诗篇就惊为天人，以至于“到处逢人说项斯”。以杨敬之的地位，如此褒奖项斯，项斯的诗名理所当然地传遍长安城，第二年又高中进士。

项斯的运气极好，又遇上水部员外郎张籍也欣赏他的诗。张籍有诗《赠项斯》：“端坐吟诗忘忍饥，万人中亦见君稀。门连野水风长到，驴放秋原夜不归。日暖剩收新落叶，天寒更着旧生衣。曲江亭上频频见，为爱鸬鹚雨里飞。”太子少师郑薰因此而咏出了“项斯逢水部，谁道不关情”的美誉。杨敬之和张籍都对项斯有知遇之恩。

项斯的官儿做得很小，只做到丹徒县尉，并死于任上。不过他写诗很勤奋，《全唐诗》存诗一卷，凡九十八首，是录诗最多的诗人之一。“说项”这个俗语即从“到处逢人说项斯”化用而来，非常形象地描述了杨敬之褒扬项斯之诗的情景，后人因以用作替人说好话的典故。

《月下把杯图》，传南宋马远绘，绢本设色，天津博物馆藏。

马远，字遥父，号钦山，生卒年不详，祖籍河中（今山西永济），出身于“一门五世皆画手”的绘画世家，善画山水、人物、花鸟，尤以山水见长，师法李唐，笔力劲健，设色清润。马远喜绘“边角之景”，被称为“马一角”，与素有“夏半边”之称的画家夏圭合称“马夏”，又与夏圭、李唐、刘松年并称为“南宋四大家”。

此幅为一开册页，笔墨生动精雅，小中见大。图绘中秋之夜友朋相聚赏月之景。山中平旷之处，栏杆一带，圆月悬空，一丛翠竹随风轻摆，远山淡淡，月色溶溶。二友相逢，把酒举杯，赏月叙旧。空地上陈设几案，有美酒数瓮。几个童子或奉巾，或捧酒，或抱乐器而来。画右题：“相逢幸遇佳时节，月下花前且把杯。”此画又被称为《月下花前图》。良辰美景，故友重逢，真是赏心乐事。

素面朝天
原来“天”指天子

“素面朝天”这个日常用语，今天用来形容女人出门不化妆。不施脂粉的天然容颜称作“素面”，比如李白有诗“素面倚栏钩，娇声出外头”，韦庄有诗“啼妆晓不干，素面凝香雪”，杜光庭咏西施“素面已云妖，更着花钿饰”。至于“素面朝天”，很多人都理解为不施脂粉的天然容颜朝向天空。仔细一想问题就出来了：哪个女人时时刻刻把脸朝着天空呢？莫非是希望天上掉馅饼不成？

“素面朝天”的“天”不是指天空，而是指天子，而且这天子还不是泛指，而是专指唐玄宗。

“素面朝天”一词出自北宋乐史所著传奇小说《杨太真外传》。在这篇小说中，乐史描写杨家满门宠幸，杨国忠被加封为“御史大夫，权京兆尹”，“封大姨为韩国夫人，三姨为虢国夫人，八姨为秦国夫人。同日拜命，皆月给钱十万，为脂粉之资。然虢国不施妆粉，自炫美艳，常素面朝天”。唐玄宗对一个赛一个美丽的杨家小姐宠幸到了极点，连化妆的脂粉钱都由自己掏腰包，虢国夫人又是其中最为美貌的一位，常常不施脂粉就去朝见天子。

张祜《集灵台（其二）》专咏此事：“虢国夫人承主恩，平明上马入宫门。却嫌脂粉污颜色，淡扫蛾眉朝至尊。”《诗经·国风·硕人》中有名句：“螓首蛾眉，巧笑倩兮，美目盼兮。”“螓（qín）”是类似蝉的一种昆虫，体小，方头，广额而有文彩，因此用“螓首”来比喻女子美丽的额头；蛾子形似蝴蝶，触须细长而弯曲，因此用“蛾眉”来比喻女子美丽的眉毛。“淡扫蛾眉朝至尊”，“朝至尊”就是“朝天”。虢国夫人美丽到了施脂粉竟然“污颜色”的地步！

韦应物有一首题为《送宫人入道》的诗，头两句是："舍宠求仙畏色衰，辞天素面立天墀。”帝王宫殿的台阶叫“天墀（chí）”。宫人站在台阶上，素面辞天，当然也是向天子告辞。

随着语义的变化，朝见天子变成了朝向天空，以至于“素面朝天”失去了本义，变成了一个极不合情理的日常用语。

张萱的《虢国夫人游春图》是唐代卷轴仕女画的代表作品之一，有多件摹本传世，其中以现藏辽宁省博物馆、传为宋徽宗赵佶所摹的《天水摹张萱虢国夫人游春图》最负盛名。而现藏台北故宫博物院的这一卷《丽人行》原无款印，后人推测为北宋李公麟摹绘，构图与辽博本很相似，工笔设色，典雅华丽，用笔柔润细致。

画卷根据杜甫《丽人行》一诗，描绘杨贵妃的姐姐虢国夫人等一行共九人，于初春时节骑马出游的情景。女子体态丰腴，马匹肥美健壮，队伍优游闲适，体现出明显的大唐风仪。杜甫《丽人行》叙述三月三杨家姐妹曲江宴游之事，极写秦国、虢国夫人体貌

之丽，治装之华奢，宴乐之盛，杨家之权势熏天。画上诸位丽人中，到底哪一位是虢国夫人，至今众说纷纭。或以右起第一骑女扮男装者为虢国夫人，或以第三骑红裙者为虢国夫人，无论哪一位都符合“态浓意远淑且真，肌理细腻骨肉匀”的赞美。有君宠和权势的加持，素面与否又有何异呢。

《丽人行》，传北宋李公麟绘，绢本设色，台北故宫博物院藏。

钻进钱眼里
最早是骂的谁？

俗语称守财奴“钻进钱眼里”。古代的铜钱中间都有一个孔，此之谓“钱眼”，但要钻进这个小小的钱眼，大概需要武侠小说中的缩身术才能办到。

这个日常俗语来自南宋时期一个非常有趣的故事。张俊与韩世忠、岳飞、刘锜合称“中兴四大名将”，不过张俊非常贪财，军中戏称他为“张太尉铁脸”，意思是说张俊的脸如同一张铁脸，毫无廉耻地聚敛钱财，不要脸。张俊后来依附秦桧，制造伪证陷害岳飞，制造了风波亭的大冤案。因此张俊像秦桧夫妇一样，也被塑成反剪双手的铁像，跪在杭州岳飞墓前的岳飞塑像面前。

明人田汝成所著《西湖游览志余·委巷丛谈》载，有一次，宋高宗赵构在宫中举行酒宴，有位俳优自称善观天象，说：“世间的达官显贵们必应星象，我都能一一看到。如果用浑天仪对着某人窥视，只能看到对应的星而看不到人。不过手边没有浑天仪，我就用这枚铜钱窥视吧。”

俳优先用铜钱窥视赵构，说：“这是帝星啊！”再窥视秦桧，说：“相星也。”再窥视韩世忠，说：“将星也。”轮到张俊时，俳优窥视一番之后说道：“看不见星星啊！”众人大惊，喝令他揉揉眼睛再仔细观看。俳优又窥视了一会儿，然后说道：“中不见星，只见张郡王在钱眼内坐。”众人哄堂大笑，弄得张俊十分尴尬。

这个滑稽故事流传到民间，衍生出“坐在钱眼里”“钻进钱眼里”等俗语，讥刺那些贪财的守财奴。

《聊斋全图》第六十四册《雨钱》插图，清代绘本，奥地利国家图书馆藏。

《聊斋志异》是清代蒲松龄所著文言短篇小说集，成书于康熙年间，多为鬼狐仙怪、花妖木魅的故事。《聊斋全图》共九十册左右，是描绘《聊斋志异》故事的彩绘连环画，散落世界各地，奥地利国家图书馆藏有十七册，约为清代光绪年间绘本，封面以宋锦装裱，内页左文右图，十分华丽。

《雨钱》是一篇讽刺故事。滨州某秀才读书斋中，遇狐仙幻化老翁来访，清谈甚欢。秀才起贪念，求狐仙作法聚钱。老翁让其准备十几枚钱作母，入密室作咒。“俄顷，钱有数十百万，从梁间锵锵而下，势如骤雨，转瞬没膝。”秀才大喜，自谓暴富。不料过会儿入室取用时，满室阿堵物化为乌有，唯母钱十余枚寥寥尚在。狐仙亦拂衣而去。画面上狐仙正持剑作法，钱如雨下，秀才见钱眼开、喜不自胜之态令人发噱。

喝墨水
竟然是真的喝

人们常常用“喝墨水”这个俗语来比喻文化水平的高低。遇文化水平低的就说：“这个人没喝过多少墨水。”遇文化水平高的就说：“这个人喝了一肚子墨水。”鲜为人知的是，这个俗语的源头竟然真的是让人喝墨水！

这项独特的“发明”出自北齐。《隋书·礼仪志》载：“正会日，侍中黄门宣诏劳诸郡上计。劳讫付纸，遣陈土宜。字有脱误者，呼起席后立。书迹滥劣者，饮墨水一升。文理孟浪无可取者，夺容刀及席。”

“正会日”指元旦，这一天皇帝要朝会群臣，接受朝贺。“上计”是古代的考核制度，年终时郡国派遣官吏进京呈计簿，把全年的人口、钱、粮、狱讼等事项向朝廷报告，朝廷据此评定地方行政长官的政绩，予以升降赏罚。诸郡上计者汇聚于朝堂之上这一日，北齐皇帝下诏犒劳诸位，然后命上计者书写本地的出产。书写有脱误的，去后面罚站；书法恶劣的，喝一升墨水；文理大而无当的，夺去佩带的仪容之刀并令之离席。

古时候的一升比现在的容量要少，但即使如此，一升墨水喝下去想来也不好受。不过这还没完，“后齐每策秀孝，中书策秀才，集书策考贡士，考功郎中策廉良，皇帝常服，乘舆出，坐于朝堂中楹。秀孝各以班草对，其有脱误、书滥、孟浪者，起立席后，饮墨水，脱容刀”。

“秀孝”指荐举人才的两种科目，州举秀才，郡举孝廉，合称“秀孝”。“策秀孝”指通过策问的方式来考试，中书省、集书省、考功郎中分别考秀才、贡士和廉良，皇帝亲自监考。考试期间，凡是书写脱误、书法恶劣、

《吮笔敲诗图》，清代范雪仪绘，绢本设色，天津市艺术博物馆藏。

清康熙年间，苏州女画家范雪仪与傅德容同为画坛翘楚。范雪仪擅绘花卉、仕女，秀雅工细，为女画家中佼佼者。这幅《吮笔敲诗图》可能带有自我写照意味，描绘了高雅仕女的书斋日常。画面简洁，用笔沉稳，体现出女性纤细柔雅的艺术特质。

书案上陈列着文房器具和古玩清供，一位仕女临案而坐，高挽云髻，面容秀美，双目轻垂，凝神不语。她一手捏笔吮毫，似在凝想诗作或构思图画，沉吟之态跃然纸上。案上的瓶花、供果、彩笺、笔砚、印盒、镇纸等器物均小巧可喜，雅致非常，与人物浑然一体。画面略去背景，着墨简净，线条清柔流畅，设色艳而不俗，描绘出闺阁仕女习诗作画的场景，既生动真实，又带有一些理想化。她仪态端庄，而吮笔的动作又增添一丝俏皮。倘若笔已蘸墨，则不知不觉墨水已入唇齿间矣。

文理不通者，一概都要喝墨水，并脱去装饰所用的仪容之刀。看来这是北齐皇帝的独特癖好。

苏东坡《监试呈诸试官》诗中云："麻衣如再着，墨水真可饮。""麻衣"指赴试举子所穿的布衣。黄庭坚《次韵杨明叔见饯（其一）》诗中云："睥睨纨袴儿，可饮三斗墨。"用的都是北齐时期这个稀奇古怪的典故。

登基
原来是“登极”之误

皇帝就任或继任王位称作“登基”。这个词殊不可解。基，始也，因此而有墙基、基础，都是指建筑物的根脚、起始部分。扬雄所著《方言》中说：“基，据也。在下，物所依据也。”虽然是“物所依据”，但“基”的本义至为低下，皇帝至高无上，如何能够登上低下之位呢？如果说皇帝由此基础而登上高位，那又能登得多高？虽然也有“万世基业”之说，但基业乃是作为根基的事业，由开国之君所创，后代君主可以登，开国君主如何登呢？

细考词义和古代典籍，原来“登基”一词乃“登极”之误，而且一误千年！

需要说明的是，“极”和“極”古时候是两个字，不可混淆，如今则一概为“极”。“极”是驴背上驮物的架子。本文中加以解说的一概为“極”，但仍然使用简化字“极”，不再区分。

《说文解字》：“极，栋也。”徐锴进一步注解说：“极，屋脊之栋也。”房屋的正梁称作“极”。《庄子·则阳》中说：“孔子之楚，舍于蚁丘之浆，其邻有夫妻臣妾登极者。”这是“登极”一词的最早出处。西晋学者司马彪注解道：“极，屋栋也，升之以观也。”孔子的这些邻居“登极”，登上的是由正梁支撑的屋顶，是房屋的最高处。

《后汉书·蔡茂传》记蔡茂做的梦：“梦坐大殿，极上有三穗禾，茂跳取之。”主簿郭贺替他解梦：“大殿者，宫府之形象也。极而有禾，人臣之上禄也。”这里的“极”当然是指大殿正梁的最高处，最高处有三穗禾，代表着臣子的最高位。

“极”由此引申为最高处、最高的地位。《尚书·洪范》中有“皇建其有极”之句，孔颖达注解说：“皇，大也；极，中也。施政教，治下民，当使大得其中，无有邪僻。”意思是大中至正之道乃是帝王统治天下的最高准则，后人遂用“皇极”指代皇帝和皇位。“登极”一词即由此而来，指皇帝登上最高之位。和误用的“登基”相比，孰高孰低，一目了然。而且正史和其他典籍中描述皇帝登上帝位一概使用“登极”一词，元明清通俗小说和戏曲中方才出现“登基”之说，显而易见属于误用。

《诗经·周颂·清庙之什图》「昊天有成命」，传南宋马和之绘，赵构书，绢本设色长卷，辽宁省博物馆藏。

这幅画的是《昊天有成命》一诗："昊天有成命，二后受之。成王不敢康，夙夜基命宥密。於缉熙！单厥心，肆其靖之。"此篇仅七句，是《诗经》中最短的篇章之一，诗题却是《诗经》中最长的。内容是赞颂周成王上继文、武二王之基业，以宽厚仁静之德勤勉治国。成王是西周第二代天子，声望仅次于文、武二王，与其子康王的统治时期史称"成康之治"。一般认为这是祭祀成王的诗，不过《毛诗序》认为此诗之旨为"郊祀天地也"。画面显然是按《毛诗序》的释义而绘，是一场隆重的圜丘祭天仪式。

古代帝王每行祭天地，例于都城之郊，故称郊祀。天子之祭，莫重于郊。《礼记·郊特牲》云："祭之日，王被衮以象天，戴冕，璪十有二旒，则天数也。乘素车，贵其质也。旗十有二旒，龙章而设日月，以象天也。天垂象，圣人则之。郊所以明天道也。"衮（gǔn），天子所穿的龙服；璪（zǎo），垂在冕上用以穿玉的五彩丝绦；旒（liú），冕的前后悬垂的玉串。郊祀仪式中，皇帝自称"天子"，率领诸侯百官行隆重祭礼，登于圜丘之上，承昊天之命——站在人间权威的顶点，领受天命，作为王权合法性的基础和终极来源。

新郎
本来指新科进士

今天的“新郎”一词只能用在新婚男子身上，属于特指。这个称谓从古至今的演变饶有趣味。

明代学者胡应麟所著《少室山房笔丛·庄岳委谈上》记载：“今俗以新娶男称新郎……新郎君，唐人自称新获第者，不闻主新娶者言。惟宋世词有《贺新郎》，或当起于此时，大抵国朝世俗称谓，率循习宋、元，世近故也。”

胡应麟说“新郎君，唐人自称新获第者”，其来有自。唐末五代时人王定保所著《唐摭言》一书记载了如下有趣的故事。

薛逢晚年仕途不顺，抱病入朝，“值新进士榜下，缀行而出。时进士团所由辈数十人，见逢行李萧条，前导曰：‘回避新郎君！’”。“新郎君”这一称谓，正是指新科进士。薛逢大笑，派随从去对前导说：“报道莫贫相！阿婆三五少年时，也会东涂西抹来。”你开道的时候不要以贫寒相人！老太婆十几岁的时候，也曾经会涂脂抹粉。意思是说自己当年也曾中过进士，还是第三名呢。今昔对比，不免有凄凉之感。

“郎”是古代官名，战国时设置，是帝王的侍从官。到了汉代，二千石以上官员的儿子可以出任“郎”，后来门生故吏就称长官或师门的子弟为郎君，再后来泛指男子。对于新婚的男子，民间为了表达祝福或恭维之意，就把他比作新科进士，省去“君”字而称“新郎”；而“新郎官”的称谓，祝福或恭维的意味就更加浓厚了。

至于胡应麟所说的《贺新郎》词牌名，原名《贺新凉》，始见于苏轼词，因苏轼词中有“乳燕飞华屋，悄无人，桐阴转午，晚凉新浴”之句，故名《贺新凉》。后人将“凉”字误为“郎”。不过由此也可见，至迟到了宋代的时候，“新郎”已经定型为新婚男子的世俗称谓，一直延用到了今天。

《钟馗醉酒图》，清代罗聘绘，纸本设色，美国克利夫兰艺术博物馆藏。

罗聘（1733—1799），字遁夫，号两峰、花之寺僧、金牛山人等。安徽歙县人，迁居扬州。终生布衣，为金农弟子，事师甚笃。工诗，善画，人物、佛像、花果、梅竹、山水皆能，所作气息高古，卓尔不群。为“扬州八怪”之一。喜画鬼趣，刺时讽世，曲尽其态，时誉极高。

此《钟馗醉酒图》绘酩酊大醉的钟馗被三小鬼护送回府的情形。两鬼左右搀扶着袒胸露腹、衣衫不整的钟馗踉跄而行，一鬼替他拿着乌纱帽、玉带和外袍。钟馗又称钟进士，传说他本是唐朝一位文武双全的英俊书生，进京赶考途中误入鬼窟，为鬼魅作弄，一夜之间变得奇丑。殿试时唐皇因其貌寝将他黜落，钟馗羞愤自尽。又传唐玄宗于病中昼梦一大鬼，破帽、蓝袍、角带、朝靴，捉小鬼啖之。大鬼自称终南进士钟馗，应举不第，触阶死，决心消灭天下妖孽。玄宗觉后诏吴道子画其像。自唐起钟馗遂为民间驱鬼逐邪之神，旧俗端午多悬其像。虽然死后民间都称他“钟进士”，钟馗生前却不曾当过“新郎”，到底意难平吧。

敲门砖
原来是对付科举的手段

在今天的日常口语中，“敲门砖”比喻谋求名利的手段，比如“金钱是升官的敲门砖”。但是在古代，“敲门砖”专用于科举考试。

清代学者俞樾在《茶香室丛钞》中写道：“今人以时文为敲门砖，宋人已如此矣。”俞樾说“敲门砖”在宋朝就出现了，说得一点没错。说起来这个俗语的来历还跟苏东坡有关系呢。

南宋笔记小说家曾敏行在《独醒杂志》中绘声绘色地讲了这么一个故事：“东坡多雅谑……一日，冲元自窗外往来，东坡问：‘何为？’冲元曰：‘绥来。’东坡曰：‘可谓奉大福以来绥。’盖冲元登科时赋句也。冲元曰：‘敲门瓦砾，公尚记忆耶！’”

许将，字冲元，二十七岁就成为福州地区第一个中状元的人，与苏东坡共事多年。这一天，许冲元从窗外走过，苏东坡问他最近怎样，许冲元说安好。“绥（suí）”即平安、安好之意。这一句“绥来”让苏东坡想起了许冲元登科时作的赋中的一句，于是随口念了出来：“可谓奉大福以来绥。”平安而来乃是上天赐予的福气啊。这一句刚念完，许冲元立刻就说：“这是当年敲门的瓦砾，您居然还记得！”

“敲门瓦砾”一语从此就用来比喻士人借以猎取功名的工具，一达目的，即可抛弃。

到了明代，“敲门瓦砾”正式演化成“敲门砖”。田艺蘅在《留青日札》中写道：“《锦囊集》一书，人所罕睹，得其片纸只字，不啻大贝南金，率

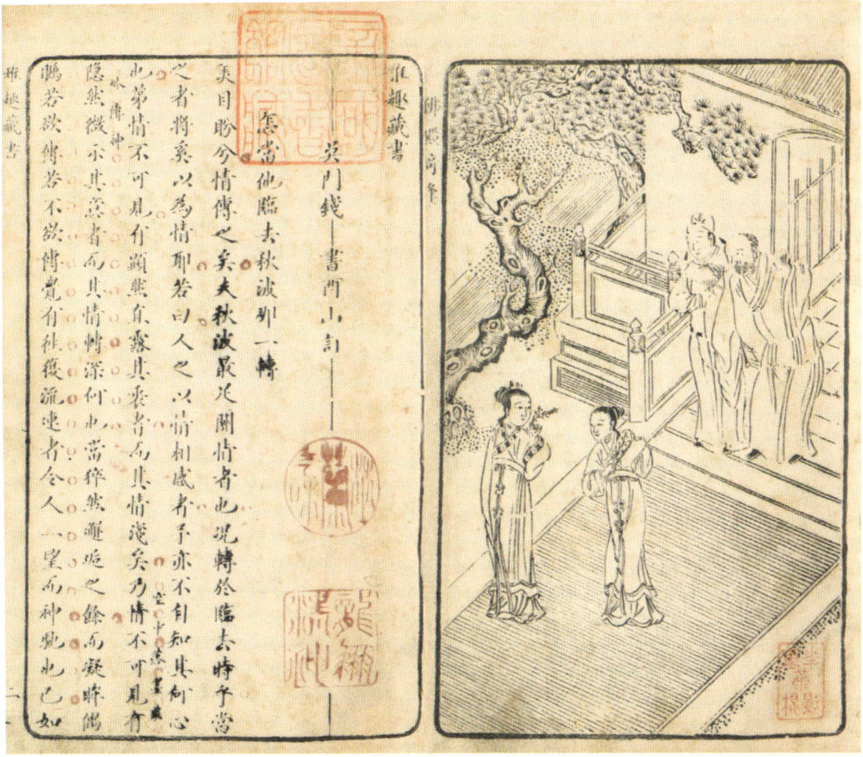
雅趣藏書

吳門錢　書西山訂

怎當他臨去秋波那一轉

美目盼兮情傳之矣夫秋波最足關情者也況轉於臨去時乎當之者將奚以為情耶若曰人之以情相感者予亦不自知其何心也第情不可見有顯然直露其衷者而其情淺矣乃情不可見有隱然微示其意者而其情轉深何也當猝然邂逅之餘而凝眸偶瞩若欲傳若不欲傳覺有往復流連者令人一望而神魂也已如

《绣像西厢时艺》『怎当他临去秋波那一转』，清代钱书撰，康熙四十二年（一七〇三）序刊。

钱书，字西山，江苏吴县人，生平不详，约生活于康熙年间。《绣像西厢时艺》又题曰《雅趣藏书》，是一部以诗、词、八股文代《西厢记》人物立言的文集。清代《西厢记》八股制艺文字有多种，这是迄今发现的最早一种，包括二十篇八股文，每一篇之前附绣像插图及诗词。二十篇制艺结构严谨，从《西厢记》二十出剧目中各选一句唱词为题，起承转合，连贯成一部完整故事。以儒者最擅长之时艺，写“天下情文交至者”之《西厢》，对于科举应试的文人来说，不啻搔到痒处。

此篇以《惊艳》一出中“怎当他临去秋波那一转”为题，配图是张生与崔莺莺在佛殿相逢一幕。且看他如何破题：“美目盼兮，情传之矣。夫秋波最足关情者也，况转于临去时乎？当之者将奚以为情耶？”当中文字是代张生立言，淋漓尽致地展现张生当此秋波一转时的回肠百转。末尾结题曰：“谢佳人之有意，玉虽移而神已留；愧书生之不才，形虽隔而情难已。嘻！怎当乎哉！”虽是游戏文字，亦可一窥作为科举“敲门砖”的八股制艺的做法。

以厚赂购至，抄录七篇，偶凑便可命中，子孙秘藏，以为世宝。其未得第也，则名之曰‘撞太岁’；其既得第也，则号之曰‘敲门砖’。”说得明明白白：为了应付科举考试所作的文章被称作“敲门砖”。

鲁迅先生在《准风月谈·吃教》一文中也写到了这一俗语的意思：“清朝人称八股为‘敲门砖’，因为得到功名，就如打开了门，砖即无用。”科举废除之后，“敲门砖”这一专用于科举考试的俗语却流传了下来，泛指一切谋求名利的手段。

戴高帽
“高帽”到底是什么样的帽子？

只要是中国人，应该都知道什么叫“戴高帽”，因为大概很多人都给领导戴过高帽，溜须拍马本来就是官场的常态嘛。但是，如果认为“戴高帽”仅仅是一个只具备比喻意义的日常俗语，那就大错特错了，在古代中国，戴得高高的这顶帽子可是实实在在的帽子！

《北史·儒林传》载：有一位叫宗道晖的儒士觉得自己学问很大，足以傲视别人，所以装扮一定要和别人不一样。他的装扮是“翘帽，大屐（jī）”。头上戴着帽翅很高的高翘帽，脚上穿着像船一样大的鞋子。州官上任的时候，他就这一身打扮去拜见，“自言学士比三公”。清代人翟灏在《通俗编》中引述了这条史料后，加了个注解：“今谓虚自张大，冀人誉己者，曰好戴高帽子，盖因乎此。”可见，“戴高帽”这个俗语至迟到乾隆年间就已经成型了，凡是爱虚张夸大、盼望别人称赞自己的人，都被称作“好戴高帽子”。

宗道晖戴的高翘帽不得不追溯到乌纱帽。乌纱帽是南朝宋明帝时制成的一种官帽，“反抽帽裙”而成。什么叫“反抽帽裙”？“帽裙”是帽沿上面下垂的绢帛，用来遮挡风尘，“反抽”就是把它往上翻起，像鸟儿的翅膀。又因为刘宋王朝以黑色为时尚，所以官帽为黑色。这就是俗话所说的“乌纱帽”，唐代初期曾经贵贱通用，后来演变成了官帽的代名词。

不过也有不同的说法。《隋书·礼仪志》载：“宋、齐之间，天子宴私，着白高帽，士庶以乌。其制不定，或有卷荷，或有下裙，或有纱高屋，或有乌纱长耳。”南朝的宋、齐时期，皇帝举行宴会的时候，自己戴的是白色的高帽子，百官和老百姓则只能戴黑色的帽子。这些帽子的形状没有一定之规，《隋书·礼仪志》描述了四种样式：第一种，“或有卷荷”，“卷荷”指含苞欲放的荷花，帽子顶上是圆形的，就像含苞欲放的荷花，因此叫“卷荷帽”，又叫“莲叶帽”；第二种，“或有下裙”，就像有着向下垂的裙子一样；第三种，“或有纱高屋”，用白纱做的、就像有着高高屋顶的帽子，这种帽子也叫“高屋帽”；第四种，“或有乌纱长耳”，就像有着长长的耳朵一样。

“士庶以乌”，即百官和老百姓只能戴黑色的帽子，因此，从此之后乌纱帽就成为官员的代称。它最后定型成为官员的惯常装束是在明代，《明史·舆服志》载：“凡常朝视事，以乌纱帽、团领衫、束带为公服。”“常朝”指百官对皇帝的一般性的朝见，在这样的场合，官员们都以乌纱帽、团领衫、腰间有束带的这种装扮作为官服。

乌纱帽虽然是官帽，但其实并不高，被称为“乌纱矮冠”。到了明代中叶，风气大变，乌纱帽开始高了起来。顾起元在《客座赘语》中记叙兵部尚书王敞“身短，纱帽作高顶，靴着高底，舆用高杠，人呼为‘三高先生’”。王敞因为个子矮，就把乌纱帽起了高顶，靴子垫着高底，坐的轿子用高高的杠子抬，于是人们便叫他“三高先生”。水往低处流，人往高处走，官位当然也是越高越好，所以高高的乌纱帽开始吃香了。

清代学者俞樾曾写过一则著名的笑话《戴高帽》，令人捧腹：世俗以喜人当面阿谀者曰“喜戴高帽”。有位京官要到外地做官，去向老师告别，老师告诫说：“外官不容易做，应当慎之又慎。”这人回答说：“我备有高帽一百，逢人就送一顶，不会有问题的。”老师大怒，斥责道：“我辈做官，取的是正直之道，何须如此！”这人回答说：“天下不喜欢戴高帽就像老师您的，能有几个人呢？”老师点头说：“你的话也不是没有见识。”这人出去之后，对别人说：“吾高帽一百，今止存九十九矣。”

《韩熙载夜宴图》（局部），五代顾闳中绘（宋摹本），绢本设色长卷，北京故宫博物院藏。

顾闳中，江南人，生卒年不详。南唐元宗、后主时为画院待诏。善画人物，是目识心记的写生高手，以画《韩熙载夜宴图》一卷知名古今。此图原作久佚，仅古代摹本存世。北京故宫所藏这卷是宋人摹本。

《韩熙载夜宴图》是顾闳中奉南唐后主之命，窥探并记录时任吏部侍郎的大臣韩熙载私生活的作品，再现了韩熙载夜宴上弹丝吹竹、清歌艳舞、主客杂糅、调笑欢乐的种种场景。全卷分五段，这是第四段"清吹"。韩熙载解衣盘坐黑色禅椅之上，右手执扇，左手打着节拍，袒胸露腹，一边欣赏乐伎合奏，一边与面前站立的侍女闲谈。神情复杂，似纵情声色，又似漫不经心，愀然不乐。

此卷整体格调淡雅，造型准确精微。画中男子除一僧及一红袍者外皆戴两脚幞（fú）头，着深绿盘领长袍，唯有韩熙载着家常宽衫练鞋，戴一种高耸的黑纱桶帽，顶平而略方，后有巾带垂下。宋人陶穀《清异录》记载："韩熙载在江南造轻纱帽，匠帽者谓为'韩君轻格'。"宴会上这顶颇为醒目的高帽大概便是"韩君轻格"。韩熙载蓄养伎乐，广招宾客，豪放不羁，颇受时人追捧，出门常被围观，见者以为"神仙中人"。画中白衣黑帽、解衣盘礴的形象的确有魏晋风度。

观之宇内

人妖
本义是人为的灾祸

今日世界，以泰国人妖最为出名，“人妖”被定义为专事表演的从小服用雌性激素而发育的男性，也就是说，“人妖”专指变性的男人。这原是港台叫法，而且来自古代的汉语词汇库，但古代中国的“人妖”一词，与现代含义迥然不同。

“人妖”的重点在于“妖”，那么，究竟何为“妖”？《左传·宣公十五年》中说：“天反时为灾，地反物为妖，民反德为乱，乱则妖灾生。”所谓“地反物为妖”是指人间反常怪异的事物或现象，比如《汉书·五行志》记载有草妖、鼓妖、夜妖、诗妖，这些都不是今天所理解的妖怪，而是指反常怪异的现象：草妖指“陨霜不杀草”，降下的霜不能使草枯死；鼓妖指声响巨大如同击鼓的怪异之声；夜妖指“云风并起而杳冥”，即令白昼如同黑夜的大风、地震之灾异；诗妖指“怨谤之气发于歌谣”。

因此，“人妖”一词即指人间的反常现象，进而指人为的灾祸。《荀子·天论》详细探讨了这些人为的灾祸：“物之已至者，人祆则可畏也：楛耕伤稼，耘耨失秽，政险失民；田稼秽恶，籴贵民饥，道路有死人，夫是之谓人祆。政令不明，举错不时，本事不理，夫是之谓人祆。礼义不修，内外无别，男女淫乱，则父子相疑，上下乖离，寇难并至，夫是之谓人祆。”

“人祆”即“人妖”，“楛（kǔ）”是粗劣之意，“耨（nòu）”指锄草，“籴（dí）”指买米。疑难字既明，这段话的意思就很好理解了。这是说在已经出现的事情中，所举的三种情况都属于“人妖”：草率地耕作和锄草导致田地荒芜，米价高昂，百姓饿死；政令不明，官府的措施不合时宜，农事也不好好治理；礼义不修导致外寇内难的各种乱象。这些人为的灾祸才是最可怕的，因此荀子评价道："三者错，无安国。"

到了南北朝时期，"人妖"开始移用到人的身上。《南史·崔慧景传》中记载了当时的一则新闻："东阳女子娄逞，变服诈为丈夫，粗知围棋，解文义，遍游公卿，仕至扬州议曹从事。事发，明帝驱令还东，逞始作妇人服而去，叹曰：'如此伎，还之为老妪，岂不惜哉。'此人妖也。"这里的"人妖"是指东阳女子娄逞变装扮为男人，与今天指变性的男人恰恰相反。

这就是"人妖"一词的变迁，古今含义迥然不同，甚至刚好相反，真是有趣！

仇英（约1494—1552），字实父，号十洲，江苏太仓人。"明四家"之一。作品题材广泛，擅写人物、山水、车船、楼阁等，工界画，尤长仕女。仇英精丽绝伦的工笔重彩风格被后人广为模仿，这幅无题无款、绘于十九世纪后期的仕女图亦是其中之一。

图绘大户人家庭院，芭蕉湖石点缀，应是夏季，石桌上有一把羽扇。三个女子的身份，从妆扮来看，似是一妇人、一少女、一侍女。也许长夏无聊，突发奇想，少女想易钗为弁，玩一下换装游戏。于是少女穿袍，妇人为其戴冠，侍女奉上玉带。三人配合熟练，估计玩女扮男装之戏已不是第一次了。明清时期，花木兰、女状元等题材的戏曲十分流行，闺阁女子兴之所至，想效仿一二，也是人之常情吧。也可能另有所本，所绘正是故事或戏曲中情节。

《无题》（仿仇英人物图），清代佚名绘，绢本设色，美国巴恩斯基金会艺术博物馆藏。

门外汉
竟然是嘲讽苏东坡的

“门外汉”这个日常俗语形容的是外行的人。“汉”是男人的俗称，“门外汉”最初当然是指男人，而且这个男人大名鼎鼎，他就是宋朝最著名的文学家苏东坡。苏东坡那么大学问，那么大名气，怎么会被称作“门外汉”呢？且听我细细道来。

苏东坡游庐山东林寺，和照觉禅师讨论禅学问题，深有感触，第二天向东林寺的长老献上一首名为《赠东林总长老》的诗：“溪声便是广长舌，山色岂非清净身。夜来八万四千偈，他日如何举似人。”“广长舌”指佛的舌头，据说佛的舌头广而长，能一直伸展到面部和发际，“广长舌”是佛陀善于说法的象征。苏东坡这首诗的意思是：大自然中无处不存在着佛理，比如溪流的潺潺水声，彻夜不停地宣讲着佛陀教导的佛理；青青山色，明明白白地呈现着佛陀的清净法身。一夜之间，溪水就讲出了八万四千偈，无穷无尽，三寸之舌怎能将其中的佛理妙义尽皆讲给别人听呢？

看到苏东坡的这首诗偈，诸禅师纷纷发表读后感。一位禅师说：“‘便是’‘岂非’‘夜来’‘他日’全是废话，应该删掉。”另一位禅师说：“依我看，‘广长舌’‘清净身’也是废话，也应该删掉，只保留‘溪声’和‘山色’即可。”另一位禅师说：“依我看，‘溪声’和‘山色’也都应该删掉，只需嗯哼一声就足够了。”

证悟禅师随即也作一偈：“东坡居士太饶舌，声色关中欲透身。溪若是声山是色，无山无水好愁人。”这首偈才是彻悟之语。因此台州护国寺景元

《苏轼留带图》（局部），明代崔子忠绘，纸本设色，台北故宫博物院藏。

崔子忠（？—1644），初名丹，字开予，改名子忠，字道母，号青蚓（一作青引），明代北海（今山东莱阳）人。他性格孤僻，与陈洪绶齐名，有“南陈北崔”之称。擅画人物、仕女，取法高古，画风近南唐周文矩，人物造型夸张，衣纹多用“战笔”，墨色灵秀清丽。此幅画中如梅枝树石等方折的造型，即为其特色。他的妻子和两个女儿也都有擅画之名。

雅俗共赏的苏轼无论在民间还是士林皆留下了许多或真或假的风雅韵事。此作描绘的是苏轼与金山寺僧佛印说偈，两人互相问难，苏轼答不上来，输了腰上玉带的故事。画面上，东坡手持一条蓝色腰带，与佛印在树下对坐交谈，人物面目清奇而有古意。近处山石磊磊，远处寒林烟霭中茅屋微露。苏轼无奈解带，佛印斜睨之，两侍者一窃笑一忍俊，画面生动诙谐。

这个故事的后续，是苏轼作《以玉带施元长老 元以衲裙相报 次韵（二首）》记之：“病骨难堪玉带围，钝根仍落箭锋机。欲教乞食歌姬院，故与云山旧衲衣。”“此带阅人如传舍，流传到我亦悠哉。锦袍错落真相称，乞与佯狂老万回。”金山寺则建留玉阁藏置此玉带。乾隆皇帝非常喜欢这个典故，第三次南巡至金山寺时，想起藏在御书房中的崔子忠此作，命人快递至江南，好与苏轼玉带一同欣赏展玩。带上原缀有二十块玉，清初被火烧毁四块，乾隆皇帝命玉工选上好玉补齐。这条腰带至今还留在金山寺。

禅师对苏东坡的最终评价是："是门外汉耳！"可怜一代大师苏东坡，在伟大的禅师们眼中，竟然是个"门外汉"！

苏东坡这个"门外汉"还闹过类似的笑话。他听说玉泉皓禅师机锋不可触，很不服气，于是微服求见禅师。一见面，禅师问："尊官高姓？"苏东坡回答道："姓秤，秤天下长老的秤。"玉泉皓禅师一听，原来这是故意较量来了，立刻大喝一声，然后说道："那你秤一秤我这一声喝有多重。"苏东坡顿时目瞪口呆，一句话都说不出来了，只好恭恭敬敬地行礼。

这两个有趣的故事都记录在南宋著名的禅宗史书《五灯会元》之中。

飞黄腾达
“飞黄”原来是一种神马

“飞黄腾达”比喻官职、地位上升得很快，尤其形容仕途得意。很多人都知道这个成语的比喻义，但是对何为“飞黄”、何为“腾达”却知之不详，甚至有人认为“飞黄腾达”是一个联合词组，“飞”和“腾”是动词。这是不对的，“飞黄腾达”其实是一个主谓词组，即“飞黄”是主语，“腾达”是谓语。

“飞黄腾达”本来写作“飞黄腾踏”。韩愈的儿子韩符即将进入城南学堂读书，韩愈写了一首名为《符读书城南》的诗勉励儿子，其中就有“飞黄腾踏去，不能顾蟾蜍”的诗句。

《淮南子·览冥训》中描述黄帝把天下治理得井井有条，于是“凤皇翔于庭，麒麟游于郊，青龙进驾，飞黄伏皂”。东汉学者高诱注解说：“飞黄，乘黄也，出西方，状如狐，背上有角，寿千岁。”“皂”指马槽，这是说飞黄这种神马都甘愿为黄帝所乘，伏在黄帝的马槽里吃草料。

古人把黄赤色的马称作“黄”，而“乘黄”之名早在《山海经》里就有记载。《山海经·海外西经》中写道：“白民之国在龙鱼北，白身被发。有乘黄，其状如狐，其背上有角，乘之寿二千岁。”

这种神马还有一个奇特的别名：訾（zī）黄。《汉书·礼乐志》录有一首题为《日出入》的郊祀歌，其中唱道：“吾知所乐，独乐六龙，六龙之调，使我心若。訾黄其何不徕下？”这是汉武帝的感叹，他愿乘六龙成仙升天，这才能感到心顺，但訾黄却迟迟没有下降到人间。颜师古注解说：“訾，嗟叹之辞也。黄，乘黄也。叹乘黄不来下也。”又引东汉学者应劭的话说：“訾黄一名乘黄，龙翼而马身，黄帝乘之而仙。武帝意欲得之，曰：‘何不来邪？’”据此则“乘黄”的形象是龙翼马身，迥异于“状如狐，背上有角”的怪异造型。

黄帝乘之升仙而去，因此“乘黄”历来被视作祥瑞。《管子·小匡》中记载管子的话说：“昔人之受命者，龙龟假，河出图，洛出书，地出乘黄。”“假”是至、到的意思。这句话是说：过去有受天命而为天子者，龙龟就会到来，同时黄河出图，洛水出书，大地出乘黄这种神马。这都是祥瑞之兆。

唐代诗人张说在《杂曲歌辞·舞马千秋万岁乐府词》中吟咏道：“不因兹白人间有，定是飞黄天上来。”“兹白”是一种像马的神兽，锯牙，食虎豹；飞黄从天上而来，可见是天上的神马。因此韩愈诗中的“飞黄腾踏”就是形容这种神马跳起腾跃的样子。

因为“飞黄”乃黄帝所乘，后人就把专供天子乘坐的御马称作“飞黄”或“乘黄”，再后来就用来泛指一切良马了。

《山海百灵图卷》（局部），传唐代胡瓌绘，绢本设色长卷，美国弗利尔美术馆藏。

胡瓌（guī），契丹族人，生卒年不详，生活于公元九世纪末到十世纪初（约唐末到五代）。随李克用入中原，定居范阳（今河北涿县）。擅写北方游牧生活，穹庐什物，弧矢鞍鞯，放牧弋猎，各尽其妙，能曲尽塞外不毛之景趣。以狼毫制笔，所作用笔清劲、细密有力，人物气质犷悍。尤工画马，骨骼体状生动有神，兼有胡马、汉马的形态。

此《山海百灵图卷》签题“唐胡瓌《蕃兽图》”，大约为明代人仿作。画卷描绘深山大泽中种种怪奇神兽，这些动物形象应来自《山海经》。这一段画面上，一群异兽正在过河，有似人间狮虎鹿豹者，有长角的马，有生了龙须龙翼的怪兽，或涉水，或踏石，或浮沉腾跃于波涛。不知其中是否有“飞黄”呢？

口实
原来是陪葬品

“口实”一词，今天只当作借口讲，但“口实”为什么会用作借口呢？相信很多人都不知道。我们来看看这个词在古代的丰富内涵和演变过程。

“实”的本义是充满，因此，顾名思义，“口实”最早的含义就是充满口中的东西。能够充满口中的东西是什么呢？首先当然是食物。《周易》中有一个“颐”卦：“观颐，自求口实。”“颐”是下巴，吃饭时下巴要动，因此引申为保养。此卦的意思是：观察研究养生之道，就要看他吃什么食物，拿什么来养活自己。

“口实”，孔颖达解释说：“求其口中之实也。”《汉官仪》中也有同样的说法：“口实，膳羞之事也。”因此“口实”又可以引申为俸禄。《左传·襄公二十五年》载：“君民者，岂以陵民？社稷是主。臣君者，岂为其口实？社稷是养。”杜预注解说：“言君不徒居民上，臣不徒求禄，皆为社稷。”这段话的意思是说：作为百姓的君主，怎能凌驾于百姓之上？应该掌管国家；作为君主的臣子，岂是为了俸禄？应该保护国家。

跟活人一样，死人也有“口实”。《春秋公羊传·文公五年》载：公元前622年，鲁文公的祖母去世，“王使荣叔归含且赗。含者何？口实也”。

“赗（fèng）”是送给办丧事人家的财物。“含”就是口实，东汉学者何休注解说：“孝子所以实亲口也。缘生以事死，不忍虚其口。”死者入殓时口中要含着一些东西，又称“饭含”。这种口含之物，根据地位的高低有不同，西汉学者刘向所著《说苑·修文》中载：“口实曰唅……天子唅实以珠，

《全本红楼梦·慈姨妈爱语慰痴颦》，清代孙温、孙允谟绘，绢本设色，旅顺博物馆藏。

这幅描绘了《红楼梦》第五十七回“慧紫鹃情辞试莽玉　慈姨妈爱语慰痴颦”中的两个场景。一带墙垣隔开，左上是潇湘馆里薛姨妈“慰痴颦”；右下是怡红院内，听了紫鹃的话失魂落魄的宝玉让李嬷嬷和众丫鬟惊慌失措。且说潇湘馆里一幕，黛玉、宝钗同薛姨妈都坐在榻上，宝钗伏到薛姨妈怀里撒娇，黛玉伤感，薛姨妈忙安慰她，不觉说到终身大事上，提及宝玉同黛玉的亲事。紫鹃心实，忙跑来笑道：“姨太太既有这主意，为什么不和老太太说去？”岂知薛姨妈不过是随口玩笑，“口惠而实不至”，何曾真有帮黛玉的心呢，倒将紫鹃打趣一番。

诸侯以玉，大夫以玑，士以贝，庶人以谷实。”珠、玉、玑、贝、谷，等级分明。

“口实”既为口中的食物，那么口中经常议论、诵读的内容也可以引申而称“口实”。《尚书·仲虺之诰》载：“成汤放桀于南巢，惟有惭德，曰：‘予恐来世以台为口实。’”

仲虺（huī）是成汤的左相，他在这篇诰中描述，成汤灭夏之后，将夏桀流放到南巢这个地方，很惭愧地说：“我恐怕后代天天拿我这种放逐夏天子的行为来议论我。”“口实”因此引申为话柄和谈笑的资料。

那么，“口实”又是如何引申为借口的呢？《礼记·表记》中记载了孔子的一句话：“口惠而实不至，怨灾及其身。”口中答应施恩惠于人，实际的利益别人却得不到。“口实，但有其言而已。”只有从口中说出来的一些喷着口沫的话而已，并没有什么实质性的行动。因此“口实”引申为借口，成为今天最常使用的义项。

心怀鬼胎
“鬼胎”原来指畸形胎儿

“心怀鬼胎”这个成语如今只用比喻义，比喻不可告人的念头。这个成语当然是由“鬼胎”演变而来的，那么，究竟什么叫“鬼胎”呢？

“鬼胎”本来是古代中国的医学术语，出自隋代巢元方所著《诸病源候论》一书：“夫人腑脏调和，则血气充实，风邪鬼魅，不能干之；若荣卫虚损，则精神衰弱，妖魅鬼精，得入于脏，状如怀娠，故曰鬼胎也。”“荣”指血之循环，“卫”指气之周流，“荣卫”因此泛指气血。

五代时期南唐人尉迟偓所著《中朝故事》载：“代说郑畋是鬼胎，其母卒后，与其父亚再合而生畋。”郑畋（tián）是唐末镇压黄巢起义军的宰相。尉迟偓所记当然属于鬼神故事：传说郑畋的母亲死后与其父郑亚魂交而生下郑畋。可见民间早有鬼神与人相交而生“鬼胎”的说法。

南宋文学家洪迈在《夷坚支志》中记载，一位名叫杨道珍的神医为一位官人怀孕八个月的宠妾诊断后说：“此非好孕，正恐是鬼胎耳。”其后“乃产一物，小如拳，状类水蛙，始信为鬼胎不疑”。

明末清初思想家唐甄在《潜书》中也记载了当时的民间之语：“腹大虚消，或产非人形，俗谓之鬼胎。”吴谦编撰、乾隆皇帝御制钦定的大型综合性医书《医宗金鉴》中先记“鬼胎总括”：“邪思情感鬼胎生，腹大如同怀子形。岂缘鬼神能交接，自身血气结而成。”然后注解道：“鬼胎者，因其人思想不遂，情志相感，自身气血凝结而成，其腹渐大如怀子形状。古云实有鬼神交接，其说似属无据。”

吴谦说得太客气了，岂止“其说似属无据”，根本是民间的鬼神思想所致。所谓“鬼胎”，其实就是现代医学所说的“葡萄胎”，是指妇女怀孕后，胚胎组织发育异常，在子宫内形成葡萄状的透明水泡，胎儿多死亡。吴谦认为“鬼胎”乃是“气血凝结而成”。

这就是“鬼胎”一词的来历。民间把畸形胎儿称作“鬼胎”，原本是迷信思想作祟，但这个词却就此流传了下来。随着医学渐渐发达，人们认识到了“葡萄胎”的致病原理，于是就只使用“鬼胎”的比喻义，比喻坏念头，从而诞生了诸如“心怀鬼胎”“各怀鬼胎”等成语。

《二刻拍案惊奇》卷十一插图，明末凌濛初编撰，崇祯五年（一六三二）尚友堂刊本。

《二刻拍案惊奇》共四十卷，每卷写一个故事，取材于历代笔记戏曲，都经过了作者的创作加工。卷十一“满少卿饥附饱飏 焦文姬生仇死报”讲的是一个复仇故事。满少卿未遇之时，困顿逆旅，受焦家接济，又与焦氏女文姬成亲，可以说恩同再造。后满生进京赴试，一朝登第，脱白挂绿，却负恩另娶。“初时满生心中怀着鬼胎，还虑他有时到来，喜得那边也绝无音耗……满生日远一日，竟自忘怀了。”十年后，受尽苦楚、抱恨而死的焦文姬在冥府诉准，前来索命，终于报了大仇。画面上正是焦文姬生仇死报的一幕。

这个故事中对人性的揭露最鞭辟入里的一点，就是满生心怀如此不堪的“鬼胎”，不仅不忏悔，久而久之，竟然忘了。然而往事化作鬼影，终会找上门来。

天打五雷轰指的是哪“五雷”？

在中国民间，对一个人恨到了极点，就常常诅咒他出门遭“天打五雷轰”；形容一个人遭到了巨大的打击，是“五雷轰顶”。遭到雷击是自然现象，被一个雷轰了一下、“雷”了一下就够受的了，怎么还要“五雷轰”？“五雷”到底是真的有五种雷，还是被雷轰了五次？

《太平广记》从《神仙感遇传》中辑录了一则故事，是“五雷”的来源。这则叫《叶迁韶》的故事是一个神话故事，讲述唐朝时一个叫叶迁韶的人，幼年时有一次在野外放牧，在大树下避雨，刚好这棵树被雷劈了，不过被雷劈开的地方随即又愈合了。这一愈合不当紧，无巧不巧，将雷公夹在了树中间。雷公伸胳膊蹬腿，吹胡子瞪眼，丑态出尽也出不来。叶迁韶看着好笑，拿了一块石头劈开树干，雷公这才脱身，临走前对叶迁韶千恩万谢，并约定过几天再在这棵树下见面。

到了那一天，二人见面后，雷公送给叶迁韶一卷墨篆。墨篆又称符箓，是一种笔画屈曲、似字非字的符号化的图形，乃是道家用来役使鬼神的神秘文字。雷公对叶迁韶说：“你按照墨篆中的办法可以致雷雨，祛疾苦，立功救人。我共有兄弟五人，你需要雷的时候，只需呼唤一声雷大雷二，我们立刻就会赶来打雷。不过雷五性情暴躁，没有什么危急的事情轻易不要叫他。”

从此之后，叶迁韶行符致雨，做了很多好事。有一次他在吉州市喝得大醉，太守抓住了他，准备打他的屁股。叶迁韶大呼雷五，此时郡中正当大旱，只听霹雳一声，震耳欲聋，果然是雷五赶来，连续下了两天两夜的大雨，解除了旱情。叶迁韶这顿板子也就没有挨上。

叶迁韶游历到滑州时，正碰上黄河泛滥，当地官员为治水忙得焦头烂额。叶迁韶在岸边立了一道符，只见洪水远远高出堤岸，可就是不敢越出那道符，沿着河道泄了下去。

叶迁韶就这样在江浙间周游，干的全是这种活雷锋的好事。后来他的法术传了下来，被称为“五雷法”。宋徽宗时的温州道士林灵素就会使用这种法术，不过法术不是太高明，《宋史·方技列传》记载道：“惟稍识五雷法，召呼风霆，间祷雨有小验而已。”仅仅有小验。

这就是“五雷”一词的来历，原是指雷公兄弟五人。后来“五雷法”成为道教的一种修炼方法，“五雷”更进一步被理论化为金木水火土的五行之雷：东方木雷，南方火雷，西方山雷，北方水雷，中央土雷。

公麟妙筆

《为霖图》，传宋代李公麟绘，绢本设色，台北故宫博物院藏。

此轴无款，托名李公麟，描写祈雨灵应、众神降示之象。画面上一神乘龙由天而降，上方有风雷云雨诸神伴随，左下角有一主持祈雨仪式的青袍法师，双手高举笏板，与身旁执旗使者和一头老虎共同仰首迎望虚空之中乘云而降的仙圣。

图中由上至下依次绘有七位神祇：左上角持风袋的风伯；背向观者的雨师；电母双手持镜；雷公兽首人身，负三面鼓；天空中层是两位雷部神将邓天君、陶天君，皆鸟喙人身，火焰绕身；下方一位仙使驱乘水龙施雨。整个队伍十分壮观。

《西游记》第四十五回中，唐僧师徒在车迟国与妖魔斗法，在比求雨时，虎力大仙使用在茅山学的五雷法，一道咒语唤来风婆、云童、雷公、电母及龙王，就连玉帝也要听命于此咒，多亏悟空设法阻止诸神，又以金箍棒号令他们刮风下雨，才赢得了求雨之战的胜利。这一段详细描写了祈雨仪式，也充分说明了五雷法的威力。

据今人研究，此《为霖图》的成画年代上限约为十二世纪，或可视为五雷法在南宋至元代盛行于东南沿海地区的表现。

五毒
竟然是良药

俗话说“五毒俱全”，所有的坏事都干尽了。“五毒”到底是哪五毒呢？历来说法不一，最常见的说法是吃、喝、嫖、赌、抽，还有人说是坑、蒙、拐、骗、偷。这都是后人附会之言，用意在于劝诫有这些坏习气的人：既然是毒，那么就会害人害己，赶紧改正吧！

比较早的“五毒”是指五种酷刑。在为《资治通鉴·汉明帝永平十四年》所作的注中，宋元间学者胡三省解释说：“五毒，四肢及身备受楚毒也。或云，鞭、棰及灼及徽、纆为五毒。”“鞭”是鞭笞罪人之刑；“棰”是竹杖，指用竹杖鞭笞之刑；“灼”是烧灼之刑；“徽”是三股的绳索，指捆缚之刑；“纆（mò）”是两股的绳索，也是捆缚之刑。

但是比起明代的“五毒”来，胡三省所说的“五毒”是小巫见大巫了。《明史·刑法志》记载：“全刑者曰械，曰镣，曰棍，曰拶，曰夹棍。五毒备具。”“械”是使用脚镣手铐等的桎梏之刑；“镣”是套缚脚腕，使人不能快走之刑；“棍”是棍棒之刑；“拶（zǎn）”是挤压之刑，比如拶指是夹手指之刑；“夹棍”是用两根木棍制成的，为夹犯人腿部之刑。

古时候五种毒虫也称作“五毒”。清代学者吕种玉所著《言鲭》一书中有“谷雨五毒”一条，其中说：“古者青齐风俗，于谷雨日画五毒符，图蝎子、蜈蚣、蛇虺、蜂、蜮之状，各画一针刺，宣布家户贴之，以禳虫毒。”“虺（huǐ）”是大毒蛇，“蛇虺”泛指蛇类；“蜮（yù）”传说是一种能够含沙射人的怪物，也有说是蛤蟆的别名。还有一种说法是蛇、蝎、蜈蚣、壁虎、

红地奔虎五毒妆花纱裱片，明代，北京故宫博物院藏。

裱片是书画装裱所用的材料，妆花织物色彩绚丽，图案丰富，多用于装裱经面、书籍、册页、卷幅包首等。妆花的名称最早见于明代，乃江宁（南京）特产，明清两代宫廷所用妆花织物皆出自江宁。此裱片以暗红平纹方孔纱组织为地，以彩色丝线和片金线织出虎镇五毒（蛇、蝎子、蜈蚣、壁虎、蟾蜍）图案，朴实自然。故宫博物院认为其纹样与工艺是典型的明代织物风格。

虎镇五毒图案反映的是古代民间传统的端午习俗。五月正值初夏，天气开始湿热，各种蛇虫鼠蚁和邪祟病毒渐趋猖獗，所以五月又称为“毒月”。民间佩戴五毒纹样的饰品，用意是以毒攻毒。而作为兽中之王的老虎，其形象可镇宅辟邪，驱除毒虫更是不在话下。这件织物上，威猛的老虎将五毒逼到角落，蟾蜍、蝎子、蜈蚣等仿佛正瑟瑟发抖。五毒的造型并不可怕，奔虎的形象也饶有憨态。老虎的双眼、蟾蜍蝎子等的轮廓皆用金线织就，即便在暗处也会有“金明灭”的效果。

蟾蜍合称“五毒”。

但是追根溯源，这些都不是最早的“五毒”。段玉裁在《说文解字注》中如此解释“毒”字：“毒兼善恶之辞，犹祥兼吉凶，臭兼香臭也。”古时候无论吉凶都称“祥”，无论香臭都称“臭（xiù）”，因此，无论善恶都称“毒”。最早的“五毒”就“兼善恶之辞”。

据《周礼》，周代有疡医的官职，“凡疗疡，以五毒攻之”，郑玄注解说：“五毒，五药之有毒者。今医方有五毒之药，作之，合黄堥，置石胆、丹砂、雄黄、礜石、慈石其中，烧之三日三夜，其烟上着，以鸡羽扫取之，以注创，恶肉破，骨则尽出。”“五毒”即石胆、丹砂、雄黄、礜石、慈石。石胆主目痛、金创等症；丹砂主心悸、惊风等症；雄黄主疟疾等症及杀虫；礜（yù）石主杀鼠；慈石即磁石，主眩晕、耳聋等症。其中除慈石无毒之外，其余都有毒，丹砂毒性较小。

按照郑玄记载的医方，将这五种药材放到黄土制成的瓦器即黄堥（máo）中，烧上三天三夜，用鸡毛扫取产生的粉末，涂抹到疮口上，效果非常好。因此这五种药材所产生的药性可谓酷毒，“兼善恶之辞”的“五毒”其实乃是良药。

太平
原来指连续二十七年丰收

安宁和平、平静无事谓之“太平”，“太平盛世”乃是古代中国从皇帝、士大夫到平民百姓的共同理想和追求。“太”是“泰”的重文，即重出的异体字，因此“太平”最初写作“泰平”。

《汉书·食货志》载：“民三年耕，则余一年之畜。衣食足而知荣辱，廉让生而争讼息，故三载考绩。孔子曰‘苟有用我者，期月而已可也，三年有成’，成此功也。三考黜陟，余三年食，进业曰登；再登曰平，余六年食；三登曰泰平，二十七岁，遗九年食。然后至德流洽，礼乐成焉。故曰‘如有王者，必世而后仁’，由此道也。”

古代中国是农业社会，这段话生动地记载了农业社会的周期律以及由此生发出来的治国理念。

“民三年耕，则余一年之畜”，此即古时的“耕三余一”制度。《礼记·王制》中说：“三年耕，必有一年之食；九年耕，必有三年之食。”耕种三年才能积余一年的粮食，耕种九年才能积余三年的粮食。因此西汉学者桓宽在《盐铁论·力耕》中议论道：“故三年耕而余一年之蓄，九年耕有三年之蓄，此禹、汤所以备水旱而安百姓也。”《论语》记孔子所言“苟有用我者，期月而已可也，三年有成”，意思是：如果有任用我为政的国家，一年就可以使礼制完备，“三年有成”即指“三年耕，必有一年之食”。

古代官员的考核制度即由此生发而来。“三载考绩”，三年考核一次官员的政绩；“三考黜陟”，“黜（chù）”指降职或罢免，“陟（zhì）”指晋升，“三考”指考核三次，共九年，然后决定官员的升降。

“三考黜陟，余三年食，进业曰登”，颜师古注引郑氏曰：“进上百工之业也，或曰进上农工诸事业，名曰登。”有了三年的粮食积蓄才可能发展百工之业，这叫“登”。登者，升也，进也，指进一步发展。《汉书·梅福传》有“升平可致”一语，颜师古注引张晏曰：“民有三年之储曰升平。”因此有三年的粮食积蓄也叫“升平”。

“再登曰平，余六年食”，连续十八年丰收，积蓄六年的粮食，这叫“平”。平者，成也。孔子的“三年有成”是指有成效，而此处的“平”则指已经成功。

“三登曰泰平，二十七岁，遗九年食”，连续二十七年丰收，积蓄九年的粮食，这就叫“泰平”。泰者，大之极也，大到了极点。只有到了“泰平”时期，才能最终达到“至德流洽，礼乐成焉”的盛世。因此孔子说：“如有王者，必世而后仁。”古人以三十年为一“世”，如果有以王道治天下的君主，也一定要等到三十年后才能完成仁政。孔子的论断即从接近三十年的“泰平”而来。这也就是“太平盛世”这一名称的来历，太平三十年方能称“盛世”。

连续的太平盛世称作“承平”，故《汉书·食货志》有“累世承平”之语。承者，相承也；累者，接连不断也。一个三十年又相承一个三十年，接连不断地相承下去，此之谓“累世承平”。

《太平乐事册》「耕罢」，传明代戴进绘，绢本设色，台北故宫博物院藏。

戴进（1388—1462），浙江杭州人，字文进，号静庵，又号玉泉山人。明宣宗朝曾入京供职，遭画院众工忌，遂南归。山水、人物、道释、花鸟、写真各科，无所不擅，开明代“浙派”画风。

《太平乐事册》共十开，分别绘婴戏、骑牛、捕鱼、娱乐、戏耍、试射、耕罢、观戏、木马、牧归等不同主题，描绘社会安和、百姓乐业的景象，表现不同阶层庶民的丰富生活。这种图画一般在宫廷中流行，具有宣扬“盛世太平”的政治功能。其中人物活动细节、室内场景布置、户外风景都描绘得十分细腻。旧传为明代戴进作品，人物线条采用“钉头鼠尾”笔法，与戴进风格吻合，然整体笔墨较弱，或为晚期浙派画家根据戴进真迹加以临仿之作。

这幅的主题是“耕罢”，表现春色融融的傍晚，四个结束了一天劳作，正在回家路上的农人。一人骑牛，三人步行，或持树枝为鞭，或扛携农具斗笠，都赤着脚，步态轻松，相互顾盼，一路说笑。背景是清溪柳岸，春风和煦。整幅画面色调温暖，情景交融。

文身
本来是为了避蛟龙之害

蔡元培先生在《民族学上之进化观》一文中说："例如未开化的民族，最初都有文身的习惯，有人说文身是一种图腾的标记，有人说文身是纯为装饰。然即使前说可信，亦必兼合装饰的动机。文身之法，或在身体各部涂上颜色，或先用针刺然后用色。"

蔡元培先生所说的文身的两种功能，即"图腾的标记"和"纯为装饰"，也许符合世界上绝大多数"未开化的民族"的行为，但是却不符合古代中国人文身的目的。

《礼记·王制》中论四夷居处言语衣服饮食不同之事："东方曰夷，被发文身，有不火食者矣；南方曰蛮，雕题交趾，有不火食者矣；西方曰戎，被发衣皮，有不粒食者矣；北方曰狄，衣羽毛穴居，有不粒食者矣。"火食，吃熟食；雕题，以丹青雕刻其额；交趾，两足相向内交；粒食，以谷物为食。由此可见，东夷和南蛮都有文身的习俗。

孔颖达注解说："按《汉书·地理志》文，越俗断发文身，以辟蛟龙之害，故刻其肌，以丹青涅之。以东方南方皆近于海，故俱文身。""涅"的意思是以黑色涂物，染黑。《左传·哀公七年》载，周太王有三个儿子：太伯、仲雍、季历。周太王最喜欢幼子季历，于是太伯和仲雍就主动避位，从渭水之滨来到东南沿海一带，因为经常要下海，所以"断发文身，裸以为饰"，避蛟龙之害。

《汉书·地理志》则认为夏代第六任国君少康的庶子"封于会稽，文身断发，以避蛟龙之害”。应劭注解说："常在水中，故断其发，文其身，以象龙子，故不见伤害也。”龙子乃龙王之子，由此记载可知龙子的惯常装扮就是断发文身，人们模仿龙子，蛟龙就不会在水中伤害他们了。

这就是古代中国人最早“文身”的原因，既不是“图腾的标记”，也不是“纯为装饰”，而是为了适应东南沿海生活的需要，以避蛟龙之害。

通俗水滸傳豪傑百八人之内
九紋龍史進
一勇斎國芳

《通俗水浒传豪杰百八人之内　九纹龙史进》，歌川国芳绘，一八四五—一八五〇年。

日本江户时代，与浮世绘的繁荣同时，另一种艺术形式也开始盛行，那就是文身。文身的盛行与《水浒传》传入日本也有关系。宋代以有花绣为美，《水浒传》里不少梁山好汉都有文身，如燕青、史进、鲁智深等。当《水浒传》风靡江户之时，浮世绘师们为之绘制了大量人物画。其中歌川国芳创作的系列水浒人物，不仅融入了本土武者绘的夸张表情动作，很多好汉裸露的身体还都被画上了精彩的文身。随着这些画作的走红，好汉的文身也被纷纷效仿。直到今天，日本依然是世界上拥有最卓越文身艺术的国家之一。

这幅画的是九纹龙史进。史进是梁山众好汉中第一个出场的人物，亮相时手使一条青龙棍，脸若银盘，满身刺青，刺的是九条龙，所以得了“九纹龙”的绰号。他英雄年少，心高气傲，精通十八般武艺，梁山大聚义时坐第二十三把交椅。画面充分呈现了人物性格特色，他横眉立目，赤膊刺青，一手持棍，一手牢牢擒住某个敌人官兵，衣襟猎猎，端的有气势！

印堂
为何指两眉之间？

古老的中国相术认为，根据额头两眉之间的部位，可以判断一个人的祸福吉凶，比如有印堂发亮、印堂有黑气、印堂端正等说法。相术术语将这个部位称作“印堂”。为什么会有这样的名称呢？“印堂”跟“印”又有什么关系呢？这个俗语一直没有语源学上的权威论证，因此各种辞典都语焉不详。

我认为“印堂”的名称跟古代中国的一项刑罚密切相关。这项刑罚即五刑之一的黥，又叫墨刑，即在犯人的额上刻字作为标记，再用墨涂黑。郑玄在为《周礼》所作的注中解释说：“墨，黥也。先刻其面，以墨窒之。”孔颖达在为《尚书》所作的注疏中进一步解释说：“言刻额为疮，以墨塞疮孔，令变色也。”这项刑罚的用意在于使犯人终身带有耻辱性的标记，在强制从事各种劳役的时候不会逃跑。

《水浒传》第八回“林教头刺配沧州道 鲁智深大闹野猪林”中写道：“原来宋时但是犯人徒流迁徙的，都脸上刺字，怕人恨怪，只唤做‘打金印’。”“打金印”之名当然是避讳的说法，但也可看出“印”这个字乃是墨刑的遗制。“印”字的甲骨文字形就是用“爪”紧紧地按住一个人的头部，正是施以墨刑的如实写照。而印堂处恰恰是犯人刺墨之处。

“堂”是“高显貌”，二人一照面，第一眼看到的就是最为高显的额头，此为“印堂”之“堂”的由来；而犯人刺墨之处最为显眼，观察此处的气色即可判定犯人的身体状况，此为“印堂”之“印”的由来。这才是“印堂”

《通俗水浒传豪杰百八人之一个　豹子头林冲》，歌川国芳绘，约一八三〇年。

在水浒好汉中，豹子头林冲是实实在在受了“刺配”之苦的。林冲原为东京八十万禁军枪棒教头，身长八尺，生得豹头环眼、燕颔虎须，武功盖世，家庭美满，交游广阔。正值人生得意之时，却飞来横祸，一朝身陷囹圄，且屡遭陷害。就是上了梁山之后也不顺利，被当时梁山之主王伦折辱错待。晁盖也上山之后，因王伦胸怀褊狭，一味嫉贤妒能，林冲忍无可忍，终于在酒席宴上，掣出一把明晃晃刀来，将王伦拿住刺死。正是“酒席欢时生杀气，杯盘响处落人头”。

在这幅画上，歌川国芳将林冲刺杀王伦的一幕以夸张且戏剧化的形式描绘出来。林冲的“豹头环眼、燕颔虎须”被画得杀气腾腾，只是脸上应有的刺字却不知是有心还是无意地被绘者忽略了。

一词的真正语源。

“印堂”这一名称出自元代名医王国瑞所著《扁鹊神应针灸玉龙经》一书，在书中的《一百二十穴玉龙歌》中，王国瑞写道：“印堂，在两眉间宛宛中。”并称其为“通神之穴也”。后来这个名称被相术借去，也称作“命宫”，意思是人一生命运的聚总处。从此人们只知相术中的“印堂”之称，却不知道为什么会有这个叫法了。

世代
到底指多长的时间？

“世代”一词通常是泛指，义项包括很多年代、好几辈等等。但“世”和“代”本来有着巨大的区别，而且都有精确的时间段规定，并不像后来的泛泛而言。

《说文解字》：“世，三十年为一世。”《论语·子路》中有这样一段对话：“子适卫，冉有仆。子曰：‘庶矣哉！’冉有曰：‘既庶矣，又何加焉？’曰：‘富之。’曰：‘既富矣，又何加焉？’曰：‘教之。’子曰：‘苟有用我者，期月而已可也，三年有成。’子曰：‘善人为邦百年，亦可以胜残去杀矣。诚哉是言也！’子曰：‘如有王者，必世而后仁。’”

这段话的意思是：孔子带着弟子冉有一起到了卫国，孔子感叹道：“卫国真是繁荣啊！”冉有赶紧问道：“既然已经如此繁荣了，还需要再做什么呢？”孔子回答：“还需要使百姓富有。”冉有又问：“富有之后呢？”孔子回答：“还需要教化百姓。”孔子继续感叹道：“如果任用我去执政，一年的时间就差不多了；而要真正按照我的政治理想去治理国家，三年就将会有大成果。前人说：‘善人治理国家百年，感化残暴的人使其不再作恶，便可废除死刑，天下太平。’这句话说得真是太正确了！如果有以王道治天下的君主，必须经过三十年仁政才能成功。”“必世而后仁”的“世”即指三十年。

“一世”从三十年引申而指“一代”，语出《左传·昭公元年》：“一世无道，国未艾也。”意思是一代国君无道，国家的命运还不会完全衰落。因此而将父子相继称为“世”，即“一代”之意。为什么“世”会具备父子相继的含义呢？《礼记·曲礼上》中有这样的规定：男子“三十曰壮，有室”。《礼记·内则》中同样有男子“三十而有室，始理男事”的记载。也就是说，儒家理想中男子的结婚年龄是三十岁，三十岁结婚生子，就有了下一代，因此，本义为三十年的“世”就顺理成章地引申为父子相继的含义。

王力先生在《王力古汉语字典》中详细辨析了“世”和“代”的区别及其演变轨迹：“上古汉语‘世’‘代’不同义。父子相传为一世，朝代相替为一代。‘三世’指祖孙三世，‘三代’指夏商周三代。唐人避唐太宗讳，遇‘世’字多改用‘代’字，甚至世宗亦改称代宗。从此以后，‘代’字变为‘世’的同义词。”

《宋史·张咏传》中记载了一则关于“一世”的有趣故事，更有助于廓清“一世”的原始语义：“初，咏与青州傅霖少同学，霖隐不仕。咏既显，求霖者三十年不可得，至是来谒。阍吏白傅霖请见，咏责之曰：‘傅先生天下贤士，吾尚不得为友，汝何人，敢名之？’霖笑曰：‘别子一世尚尔邪，是岂知世间有傅霖者乎？’咏问：‘昔何隐，今何出？’霖曰：‘子将去矣，来报子尔。’咏曰：‘咏亦自知之。’霖曰：‘知复何言。’翌日别去。后一月而咏卒，年七十。”

北宋名臣张咏和傅霖小时候是非常要好的同学，长大之后，张咏做了大官，傅霖却隐居不仕，张咏苦苦寻觅了傅霖三十年而不得。三十年后，傅霖才来拜访早已显贵的张咏，门房向张咏通报有一个叫傅霖的人前来拜访，张咏呵斥道：“傅先生乃是天下贤士，我尚且得不到他的青睐与他交朋友，你是什么人，竟敢直呼其名！”傅霖笑着说：“我和你分别了‘一世’三十年，世间哪里还有知道我名字的人呢？”原来，傅霖之所以前来拜访，乃是预知了张咏的死期，故特来相告，没想到张咏也已经预见到了自己的死期，傅霖遂别去。一个月后张咏就去世了。

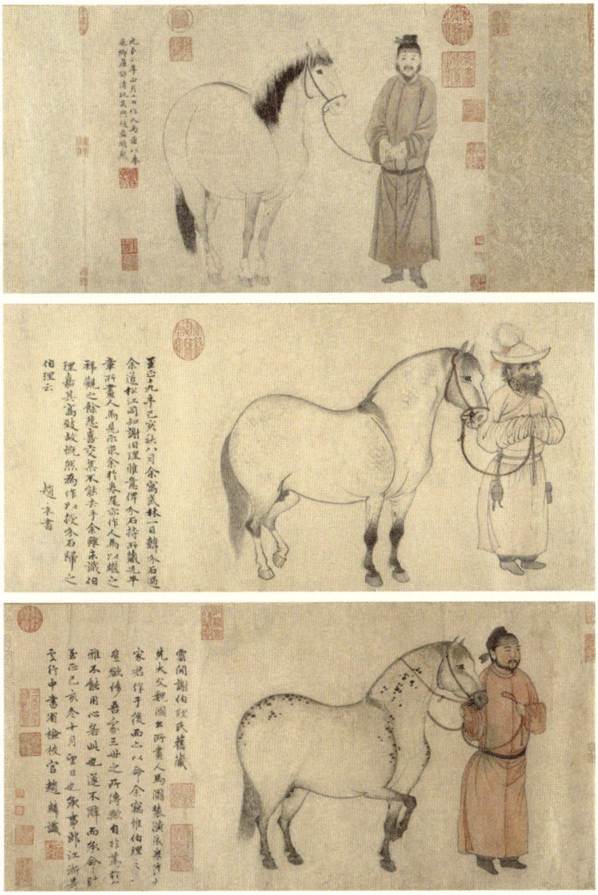

《吴兴赵氏三世人马图》（局部），元代赵孟頫、赵雍、赵麟绘，纸本浅设色长卷，美国大都会艺术博物馆藏。

赵孟頫（1254—1322），字子昂，号松雪道人。诗文清远，书画复唐宋古风，为后世所宗。

此卷分为三段，首段为赵孟頫绘于元贞二年（1296），二段为其子赵雍绘于至正十九年（1359）秋天，三段为赵雍之子赵麟绘于至正十九年冬天。祖孙三世，各绘一幅人马图于同卷传世，“紫燕青骢（cōng，青白相杂的马）白鼻䯄（guā，黄马黑喙）”，家学渊源，风雅相继，的确古今罕有。卷后题跋无数，后人皆为之羡慕赞叹不置。

赵孟頫长于鞍马，其画马丰肌壮健，高大俊美，笔法勾线细润精紧，刚柔相济，总体风格融合唐宋，自具面貌。此幅《人马图》（上一）作白描淡色，线条简练细润，马腿和奚官（养马之官名）长袍作淡赭色晕染，又具唐人古朴之趣。其子孙所绘两幅，亦宗风不减，写神入妙。后人题诗赞曰：“赵氏三世画人马，一笔在世千金价。”“雍子麟孙笔更精，双骏何须数韩幹。”

杀手锏
其实是“撒手锏”

锏是古代的一种兵器，属于鞭类，长而无刃，有四棱，上端略小，下端有柄。“杀手锏”的释义是：旧小说中搏斗时突然用锏投杀敌人的绝招，比喻在危急时拿出看家本领。从这个意义来看，“杀手锏”这个词就显得非常令人费解了：“杀手”和“锏”有什么关系？杀手通常都是执行暗杀行动的，如果说杀手暗杀的时候使用的工具是锏的话，锏属于鞭类，主要在马上使用，可见长度足够长，杀手拿着这把锏去暗杀岂不是太显眼了吗？

原来，“杀手锏”是“撒手锏”读音讹误所致。“撒手锏”就好解释了：两军阵前，马上交锋，突然撒手投出“撒手锏”，给敌方以致命一击。那是多么惊心动魄的场景啊！

“杀手锏”是隋末唐初著名将领秦琼（秦叔宝）的独门绝技，来看看清初小说《说唐》第二十七回“秦叔宝走马取金隄　程咬金单身探地穴”中是如何描写秦叔宝使用“杀手锏”的：“公义赶来，叔宝把枪右手横拿，将左手扯出锏来，执在胸前。华公义马头相撞马尾，举戟望叔宝后心便刺，叔宝左手把枪反在背后往上一架，扭回身一锏打去，把公义的头都打得不见了，跌下马来。这个名为‘杀手锏’。”

如果说这段描写还不能清楚地解释何谓“杀手锏”的话，再看第三十四回“众王盟会四明山　三杰围攻无敌将”中柴绍是如何描述秦叔宝的“杀手锏”的：“他力量虽不如你，但他两根金装锏却会飞的。我知他好朋友最多，你却不可打他的朋友，你若打了他的朋友，他就飞起锏打你了。”

“飞起锏打你”，不是“撒手锏”是什么！秦叔宝的锏是“两条一百三十斤镀金熟铜锏”，这么沉重的锏撒手飞出，可想而知杀伤力有多大。

罗成是秦叔宝的表弟，二人相约互相传授武艺，说定谁都不能隐瞒，如果隐瞒，罗成将来“万箭攒身而亡”，秦叔宝将来“吐血而亡”。“他二人赌过了咒，秦琼把锏法一路路传与罗成，看看传到杀手锏，心中一想：‘不要吧，表弟勇猛，我若传了他杀手锏，天下只有他，没有我了。’呼的一声，就住了手。罗成学了一回，也把枪法一路路传与秦琼，看看传到回马枪，也是心中一想：‘表兄英雄，若传了他，只显得他的英名，不显得我的手段了。’也是一声响，把枪收住。”

二人各怀鬼胎，“杀手锏”和“回马枪”的绝技都没有传给对方。后来，罗成果然陷在淤泥中，“万箭攒身而亡”，秦叔宝久病“吐血而亡”，各各应了当年的赌咒。

跳澗勒馬
飛渡

《新刊徐文长先生评唐传演义》插图『三跳涧勒马飞渡』，明代熊大木著，徐渭批评，万历四十七年（一六一九）武林藏珠馆刊本，日本内阁文库藏。

《新刊徐文长先生评唐传演义》别题《隋唐演义》，全书共八卷九十节，演述隋唐之际的史事，以秦王李世民一生业绩为主，塑造了栩栩如生的隋唐英雄群像。

熊大木，字鳌峰，号钟谷子，建阳（今属福建南平）人，生卒年不详。嘉靖时书坊主人，明代通俗小说的编著者和刊行者，极重视野史小说。徐渭（1521—1593），字文长，一字文清，号天池山人、青藤道士等，山阴（今浙江绍兴）人。才气横溢，在诗文、戏剧、书画等方面都卓然成家，为人狂傲，不拘礼法，常有惊世骇俗之举。

此插图描绘的是书中第三十三节“美良川铜鞭逞战　三跳涧勒马飞渡”的情节。秦王李世民被尉迟恭（字敬德）突袭，落荒便走。敬德单马直追。秦琼跨一匹呼雷豹，绰两条八棱锏，匹马如飞杀入贼阵，去救秦王。李世民被追至美良川，有虹霓涧，世民尽力着鞭，那马一跃而过。后面尉迟恭与秦琼亦如有神助，相继跃涧而过。敬德与叔宝交战，鞭来锏抵，斗得不分胜负。此时援军至，秦王得救。画面上是三人你追我逐相继勒马跳涧的紧张时刻。

秦琼与尉迟恭二人皆勇武过人，一使鞭，一使锏，武功在伯仲之间，当其各为其主生死相搏之时，想必十分精彩。

夸海口
夸的原来是孔子的口

漫无边际地说大话被比喻为“夸海口”。“海口”一词，今天指的是内河通海的出口。如果夸的是这个意义上的海口，那跟说大话又有什么关系呢？答案是毫无关系，“夸海口”最早夸的是孔子的口。

孔子被儒家和历代统治者尊为至圣先师，既是至圣先师，那么命相一定要区别于常人和凡人。不仅孔子如此，历代的统治者也都不同程度地被赋予奇特的命相，不过孔子的命相大概是这些神化中最奇特的了。

《太平御览》引《孝经纬·援神契》的记载：“孔子海口，言若含泽。”孔子的口大而深，就像大海一样；孔子说出的话，就像含有光泽和香泽，足以润泽万物。这是“海口”一词的最早出处。

后世圣人越来越稀罕，即使有也不能跟孔子相比，于是“海口”一词进入民间俗语，不再专指孔子和统治者的大嘴，而是比喻说大话，同时也是嘲笑“夸海口”的人居然敢拿自己跟圣人相提并论。至迟到元代，“说海口”“夸海口”的讽刺含义已经定型。

除了“海口”之外，孔子还有如下奇异的命相：

“首类尼丘山，故以为名。”孔子的头像尼丘山一样，中间低，四周高。

“仲尼牛唇。”孔子的嘴唇像牛一样厚。

“孔子之河目海口。”上下眼眶平正而长的眼睛叫“河目”……

此外还有骈齿、虎掌、龟背等异相，后人总结共“四十九表”，即四十九种与众不同的外貌特征。当然这都是附会之言，不可当真。

《王振鹏养正图十则》之『金人示戒』，明清佚名绘，绢本设色长卷，美国大都会艺术博物馆藏。

王振鹏，字朋梅，浙江温州人，生卒年不详。元代著名画家，擅长人物画和宫廷界画，被元仁宗赐号为“孤云处士”，官至漕运千户。《养正图》又称《圣功图》，是带有启蒙教育性质的作品，内容皆为历代贤明君主的故事。这套《养正图》虽是王振鹏款，实为明清人所绘。

“金人示戒”绘的是孔子的圣迹。《孔子家语·观周》记载，孔子观周，入太祖后稷之庙，见堂右阶之前，有金人三缄其口，而铭其背曰：“古之慎言人也，戒之哉！无多言，多言多败。无多事，多事多患。安乐必戒，无所行悔。勿谓何伤，其祸将长。勿谓何害，其祸将大。勿谓不闻，神将伺人。焰焰不灭，炎炎若何。涓涓不壅，终为江河。绵绵不绝，或成网罗。毫末不札，将寻斧柯。诚能慎之，福之根也。口是何伤，祸之门也。……”这就是有名的《金人铭》。孔子读罢，谓弟子曰：“小人识之，此言实而中，情而信。《诗》曰：‘战战兢兢，如临深渊，如履薄冰。’行身如此，岂以口过患哉？”孔子虽有“海口”，却崇尚金人之“慎言”呢。

地主
原来指土地神

在中华人民共和国的政治术语中，“地主”是剥削阶级的主要代表，“地主”的定义沿袭了毛泽东写于1933年10月的《怎样分析农村阶级》一文：“占有土地，自己不劳动，或只有附带的劳动，而靠剥削农民为生的，叫做地主。”“地主”被附加了政治色彩，从而成为剥削阶级的代名词。

在古代中国，“地主”这个称谓可从来没被这样污名化，恰恰相反，“地主”最早竟然是指一尊神，而且还是一尊极为重要的神。

中国第一部国别体史书《国语·越语》中记载，越国灭掉吴国后，范蠡“遂乘轻舟以浮于五湖，莫知其所终极”，但是越王勾践并没有忘记范蠡的功劳：“王命工以良金写范蠡之状而朝礼之，浃日而令大夫朝之，环会稽三百里者以为范蠡地，曰：‘后世子孙，有敢侵蠡之地者，使无终没于越国，皇天后土、四乡地主正之。’”

古代以十天干、十二地支相配纪日、纪年，十天干甲、乙、丙、丁、戊、己、庚、辛、壬、癸循环一周称“浃（jiā）日”，也就是十天。越王勾践命工匠用良金铸成范蠡的雕像，自己亲自参拜，还命大夫们十天朝拜一次。

“皇天”指天或天神，“后土”指地或地神。“四乡地主正之”，韦昭注解说：“乡，方也。天神地祇、四方神主当征讨之，正其封疆也。”子孙后代如果有敢于侵犯范蠡的封地的，天神地祇、四方神主都要来征讨。韦昭称“地主”即神主。

再来看《史记·封禅书》中的记载：秦始皇统一天下之后，“遂东游海上，行礼祠名山大川及八神，求仙人羡门之属”。“羡门”指墓门，秦始皇巡游到东方的海边，祠祭名山大川和八神，寻找仙人的墓门，以求长生不死之道。

何谓“八神”？司马迁接着写道：“八神：一曰天主，祠天齐。天齐渊水，居临菑南郊山下者。二曰地主，祠泰山梁父。盖天好阴，祠之必于高山之下，小山之上，命曰‘畤’；地贵阳，祭之必于泽中圜丘云。三曰兵主，祠蚩尤。蚩尤在东平陆监乡，齐之西境也。四曰阴主，祠三山。五曰阳主，祠之罘。六曰月主，祠之莱山。皆在齐北，并勃海。七曰日主，祠成山。成山斗入海，最居齐东北隅，以迎日出云。八曰四时主，祠琅邪。琅邪在齐东方，盖岁之所始。”

第一神名“天主”，要在临淄南郊山下的天齐泉祠祭，祠祭的祭坛命名为“畤（zhì）”。

第二神名“地主”，要在泰山下一座叫梁父的小山祠祭，“地贵阳”，因此必须在泽中的圆丘之上祭祀。

第三神名“兵主”，祠祭战神蚩尤，在齐国的西境。

第四神名“阴主”，祠祭蓬莱、方丈、瀛洲三座神山。

第五神名“阳主”，祠祭芝罘（fú）山。

第六神名“月主”，祠祭莱山。以上三神皆在齐国的北境，渤海之滨。

第七神名“日主”，祠祭成山。“斗”通“陡”，成山陡峭入海，居于齐国的东北境，乃日出之地。

第八神名“四时主”，祠祭琅邪山，居于齐国的东境，是一年的起始，主四时。

有读者朋友可能会问：“八神”为什么都在齐国境内呢？司马迁解答了这个疑问：“八神将自古而有之，或曰太公以来作之。”太公指辅佐周武王灭商的姜太公，封地为齐国，“八神”既为姜太公所命名，当然都位于齐国境内了。

古代帝王祭天地的大典称“封禅”。在泰山上筑土为坛，报天之功，称“封”；在泰山下的梁父山辟场祭地，报地之德，称“禅”。“封”是增高祭天，故筑土堆成祭坛；“禅”是加广祭地，故除草整治土地。合为祭天地之礼。

由此可知，“八神”之二、在梁父山祠祭的“地主”其实就是土地神，因此许慎在《说文解字》中解释说：“社，地主也。”“社”也是土地神。

这就是“地主”一词的本义。土地神管理土地，因此顺理成章地引申而将本地、当地的主人称为“地主”。《左传·哀公十二年》记载了诸侯会盟的礼节：“诸侯之会，事既毕矣，侯伯致礼，地主归饩，以相辞也。”“饩（xì）”指活的牲口。诸侯会盟已毕，要由诸侯之长的侯伯为宾致礼，所会盟的当地主人向宾馈赠活的牲口，然后互相以礼辞让。这里的“地主”即指主人，“地主归饩”的行为就是后世所称的“尽地主之谊”。

称田地的主人为“地主”也由此引申而来，但一开始只是一个中性词，并没有今天政治上的贬义成分。

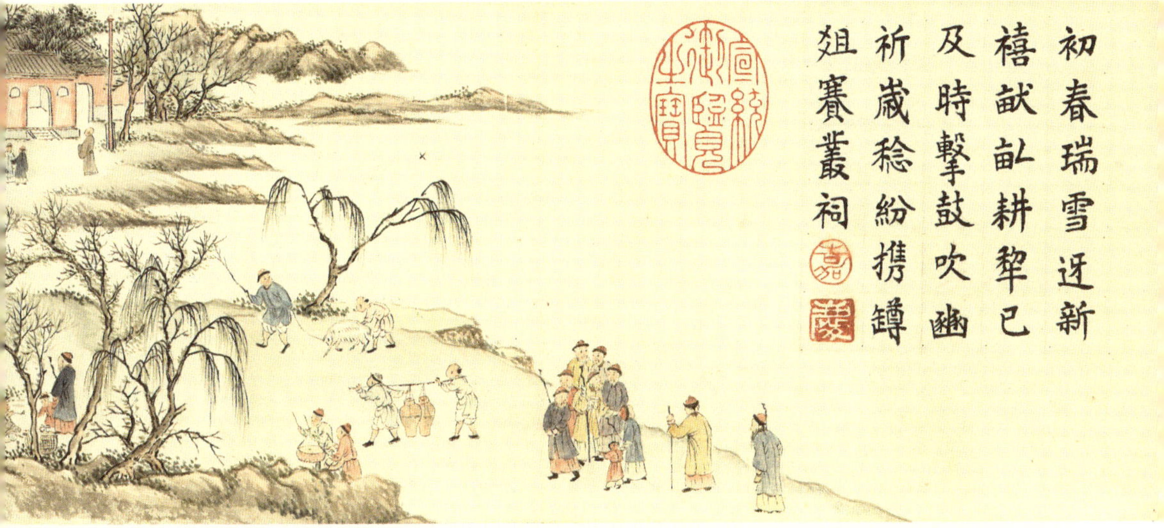

《春台同乐》册之《春社迎祥》，清代黄钺绘，纸本设色，台北故宫博物院藏。

黄钺（1750—1841），字左田，安徽当涂人。乾隆五十五年（1790）进士，嘉庆皇帝亲政后，颇获重用。善书画，供奉作品甚得圣眷，屡蒙御题。此册应是宫廷应景之作，描绘春日的种种习俗，寓意与民同乐。画面笔简意赅，设色活泼，略带漫画趣味。

这幅《春社迎祥》画的是民间庆贺春社的热闹情景。“社”为地主之意，“春社”是春季祭祀土地神的日子，一般为立春之后第五个戊日，是最古老的民俗节日之一，又有官社、民社之分。民社俗称土地公公生日，成为邻里娱乐欢聚的热闹日子，除了祭社神祈求丰年，里中还有饮酒、分肉、赛会、看社戏、妇女停针线等习俗。画面虽清简阔朗，耕牛、社鼓、祭祀、老幼欢庆这些元素样样不缺，洋溢着融融春意和欢乐质朴的节日气氛。

含糊
原来是“含胡”之误

“含糊”一词，今天最常用的义项有两个：一是形容说话口齿不清或者意思表达不明确；二是形容办事敷衍马虎，不认真。

“含糊”为什么会具备这样的义项呢？“糊”的本义是稠粥，有人据此认为“含糊”的意思是嘴巴里含着稠粥，所以说话不清楚。这个说法不仅无出处，而且也很不合理。含着稠粥口齿不清，难道含着别的东西口齿就清楚了？那么为什么不用含着别的东西来作比呢？

原来，“含糊”乃是“含胡”之误。“含胡”一词出自《新唐书·颜杲卿传》。安史之乱时，颜杲卿任常山太守，后城池被安禄山叛军攻破，颜杲卿被俘，押至洛阳，因为以前曾做过安禄山的下属，安禄山以背叛相责，遭到颜杲卿的痛骂。“禄山不胜忿，缚之天津桥柱，节解以肉啖之，骂不绝。贼钩断其舌，曰：‘复能骂否？’杲卿含胡而绝，年六十五。”

“节解”指断裂四肢，分解骨节。颜杲卿的舌头被割断之后，无法再骂，也无法咬舌自尽，于是“含胡而绝”。什么叫“含胡而绝”？这要从“胡”是指什么东西讲起。

《说文解字》：“胡，牛顄垂也。”“顄（hàn）”同“颔”，即下巴。段玉裁解释说：“牛自颐至颈下垂肥者也。”也就是说“胡”的本义是牛脖子下面的垂肉，引申而指一切兽类脖子下的垂肉。

《诗经·国风·狼跋》中有“狼跋其胡，载疐其尾”的诗句，“疐（zhì）”是绊倒之意。这两句诗形容老狼前行时踩到了颈下的垂肉，后退时又被尾巴绊倒了的窘态。《汉书·郊祀志》中有一段著名的记载："黄帝采首山铜，铸鼎于荆山下。鼎既成，有龙垂胡髯下迎黄帝。"颜师古注解说："胡，谓颈下垂肉也；髯，其毛也。"这就是"胡"的本义，现代汉语中早已废弃不用。

张舜徽先生在《说文解字约注》一书中说："颐下下垂者为胡，人亦有之，惟至耄耋始见。故颐下之须称胡须。"日常生活中人们都见过老年人颈部的垂肉，这是肌肉松弛造成的，颜杲卿死时年六十五岁，因此亦有垂肉。"含胡而绝"就是咬着这块垂肉而死。清代学者郑志鸿在《常语寻源》一书中的解释甚为合理："胡，颔下肉也。断舌故愤气含于胡。"断舌之后只求速死，因此颜杲卿才会做出这样的动作。

这就是"含胡"一词的来龙去脉，"胡"误为"糊"之后，这个词的语源再也不为人所知了。

《豳风图》为旧传马画、赵书《诗经》系列图之一，根据《诗经·豳风》诗意而作。全卷共分七段，每段画前书《豳风》原文。图中人物形象生动，衣纹用兰叶描，笔法流畅潇洒，设色清丽古雅。此卷旧传为宋高宗赵构书，据今人研究应是画院高手代笔。

这段描绘的是《狼跋》一篇的诗意："狼跋其胡，载疐其尾。公孙硕肤，赤舄几几。狼疐其尾，载跋其胡。公孙硕肤，德音不瑕。"跋，踩踏；疐（zhì），绊倒；硕肤，大腹便便的样子；赤舄（xì），天子、诸侯所穿的赤色重底鞋。画面左侧是三位士大夫，右侧稍远处有一头狼。这头老狼身体肥胖，前有"长胡"，后有长尾，进退艰难，举动笨重。

关于《狼跋》一诗历来有两种完全相反的看法。《毛诗序》认为此诗是赞美周公的：

《诗经·豳风图》『狼跋』（局部），传南宋马和之绘，赵构书，绢本设色长卷，北京故宫博物院藏。

“周公摄政，远则四国流言，近则王不知，周大夫美其不失其圣也。”画面显然是按此意而绘的。另一种看法则认为这是一首讽刺贵族庸才的诗，以揶揄的语气嘲笑他大腹便便、进退不得的窘态。今人更多持后一种解读。

作梗
原来指鬼害人

“作梗”这个日常俗语，今天的意思是从中阻挠、捣乱，让人做不成某件事，但是最早的时候却不是这个意思，而是指鬼害人，鬼物使人患病。

“作梗”一词出自东汉学者张衡所著《东京赋》，其中吟咏道：“度朔作梗，守以郁垒，神荼副焉，对操索苇。”三国时学者薛综注解说：“东海中度朔山有二神，一曰神荼，二曰郁垒，领众鬼之恶害者，执以苇索而用食虎。”唐代学者李善则解释说：“《风俗通》曰：‘黄帝书，上古时有神荼、郁垒昆弟二人，性能执鬼。度朔山上有桃树，下常简阅百鬼，鬼无道理者，神荼与郁垒持以苇索，执以饲虎。是故县官常以腊祭夕，饰桃人垂苇索，画虎于门，以御凶也。’毛诗传曰：‘梗，病也。’谓为人作梗病者。”

神荼、郁垒兄弟就是后世的两位门神，因为他们的职责是“简阅百鬼”，发现没有道理就祸害人的，立刻用苇草编成的绳索捆起来去喂虎，所以人们就把他们的画像贴在门扇上，左神荼，右郁垒，以驱鬼辟邪。

在这个故事中，所谓“度朔作梗”，就是说百鬼在度朔山下“作梗”。“作”是发起、兴起的意思；还有一说是“作”通“诅”，诅咒、怨谤，百鬼就用这种方式使人患病。那么“梗”是什么意思呢？李善引用《毛传》的说法：“梗，病也。”这是一笔非常重要的记载。

《诗经·大雅·桑柔》中有“谁生厉阶，至今为梗”的诗句，“厉阶”指祸端，“梗”就是病。孔颖达进一步解释说：“言其谁生厉阶，明是病于此恶，故以梗为病。”这句诗的意思是，谁横生的祸端，到今天还为病为灾。

《百鬼夜行绘卷》（局部），传土佐光信绘，纸本设色长卷，室町时代，日本京都市大德寺真珠庵藏。

“百鬼”一词起源于中国。唐人李善注张衡《东京赋》，引《风俗通》曰：“度朔山上有桃树，下常简阅百鬼，鬼无道理者，神荼与郁垒持以苇索，执以饲虎。”“百鬼夜行绘卷”是一种日本妖怪绘卷物，以京都大德寺真珠庵所藏的室町时代绘卷最为著名。这个藏本传说是土佐派画家土佐光信所绘，但无确证。绘卷中描绘了很多“付丧神”，即器物妖怪，如武器妖怪、乐器妖怪等。日本人认为，年深月久，器物中会有灵寄生，化而为妖。如果不珍惜器物，其化妖后就会报复使用器物的人。那些被丢弃的旧锅、旧伞、旧琵琶等，幻化成各种各样的妖怪半夜出游，来人间“作梗”。

土佐光信（1434—1525），日本土佐派重要画家。他是朝廷供养的御用画师，作品包括画卷、佛教绘画和肖像画。他开辟了“洛中洛外图”绘画套路，用于描绘京都及其周边地区。由他确立的土佐画派，与狩野派构成日本画的两大流派。他也是日本妖怪画的开山宗师，对后世妖怪画有极大影响。

《周礼》记载，周代有女祝一职，职责是“掌以时招、梗、禬、禳之事，以除疾殃”。其中“招”指招取善祥；“梗”指“御未至也”，防御还没有到来的灾殃；“禬”指除去现在之灾；“禳”指推知灾殃的变异。可见“梗”由病的含义引申为灾殃之意。

这就是“作梗”一词的原始含义：“作”是动词，兴起或诅咒；“梗”是名词，疾病或灾殃；“作梗”即百鬼用诅咒等方式引起疾病或兴起灾殃，使人遭此疾病或灾殃，因此神荼、郁垒兄弟才对此类鬼物痛下杀手，“执以饲虎”。“作梗”当作从中阻挠、捣乱讲，只不过是其引申义而已，而且语感也比本义轻多了，仅仅阻挠和捣乱，大概还不至于拉去喂老虎吧！

应声虫
原来是人腹中的怪虫

在今天的日常口语中，“应声虫”指那些毫无主见，只知道一味应和别人、随声附和的人。但在唐代，“应声虫”却是引发一种怪病的怪虫，而且这种病还很常见。这种病的特征是：患者腹内生虫；人说话，虫即小声应之。这种虫就叫“应声虫”。

张鷟（zhuó）所著《朝野佥载》收录了一则有趣的故事：“洛州有士人患应语病，语即喉中应之。以问善医张文仲，经夜思之，乃得一法。即取《本草》令读之，皆应；至其所畏者，即不言。仲乃录，取药，合和为丸，服之应时而愈。”

不过这味药是什么，张鷟却没有记载。刘餗（sù）所著《隋唐嘉话》则把治好这种病的功劳归于名医苏澄：“有患应声病者，问医官苏澄，云：‘自古无此方。今吾所撰《本草》，网罗天下药物，亦谓尽矣。试将读之，应有所觉。’其人每发一声，腹中辄应，唯至一药，再三无声。过至他药，复应如初。澄因为处方，以此药为主，其病自除。”也没有提到哪味药可治此病。

到了宋代，吴曾所著《能改斋漫录》引陈正敏《遁斋闲览》的记载，终于提到了具体的药方：“杨勔中年得异疾，每发言应答，腹中有小声效之。数年间，其声寝大。有道士见而惊曰：‘此应声虫也，久不治，延及妻子。宜读《本草》，遇虫不应者，当取服之。’勔如言，读至雷丸，虫忽无声。乃顿饵数粒，遂愈。”

雷丸是白蘑科真菌雷丸的干燥菌核，李时珍在《本草纲目》中写道："此物生土中，无苗叶而杀虫逐邪，犹雷之丸也。竹之余气所结，故曰竹苓。"

洪迈在《夷坚志》中也记载了这种病，但提供的药方则有不同："永州通判厅军员毛景得奇疾，每语，喉中辄有物作声相应。有道人教令学诵《本草》药名，至蓝而默然。遂取蓝捩汁饮之。少顷，呕出肉块，长二寸余，人形悉具。""蓝"是指蓼蓝、马蓝、木蓝、菘蓝这四种可制蓝色染料的植物。有的医家也说"用板蓝汁一盏"可治此病。

明人田艺蘅在《留青日札》中引述学者杨慎的话："已无特见，一一随人之声而和之，譬之应声虫焉。"从此开始，人们就把随声附和的人称作"应声虫"，只是不知道雷丸和蓝汁能否治愈人的这种随声附和之病。

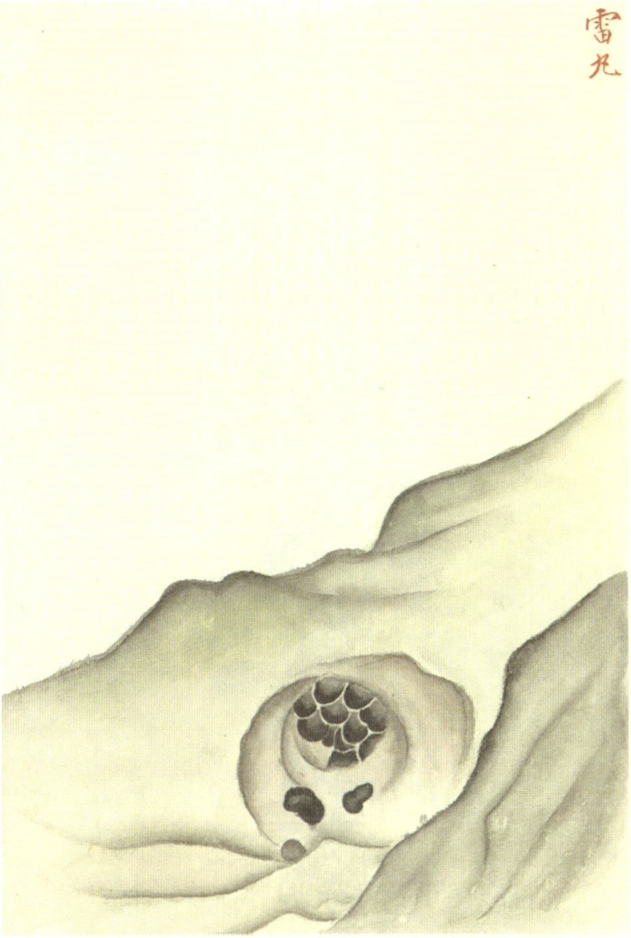

《金石昆虫草木状》『木五·雷丸』，明代文俶绘，万历年间彩绘本。

文俶（1595—1634），明代女画家。俶，一作淑。字端容，署寒山兰闺画史。长洲（今江苏苏州）人。“明四家”之一文徵明的玄孙女。聪颖明慧，幼承家学，平时喜写生，亦工仕女，擅花卉草虫，勾勒精细，设色妍丽。“所见幽花异草，小虫怪蝶，信笔渲染，皆能模写性情，鲜妍生动。”（钱谦益语）

《金石昆虫草木状》是文俶传世作品。根据她的丈夫赵均手写的序文，书中大部分作品都是文俶精心描摹的内府珍藏的本草图。全书共二十七卷，含一千三百多幅图，以工笔描绘，粉彩敷色，摹写了一千多种金石昆虫草木情状，形似与色工兼备。此幅是“木”部第五卷之“雷丸”，细致描绘了雷丸的样貌及所生之环境。

抓阄
“阄”到底指什么？

著名语言学家王力先生在《王力古汉语字典》中解释说：“抓阄，抓取物具以决胜负或卜吉凶，亦指抓取的物具。”这一释义并没有解释清楚“阄”到底是什么意思，甚至还会被人误解为“阄”指的就是“抓取的物具”。

“阄”读 jiū，《说文解字》：“阄，鬥取也。从鬥，龟声。”需要说明的是，“阄”外面的字形本不是“门”，而是“鬥（dòu）”，指两人对打。今天则把“鬥”简化为“斗”。根据许慎的解释，“阄”是一个动词，相斗而获取的意思，不能理解成名词的物具。这个字为什么造得这么奇怪呢？其实，如果懂得古代中国的占卜知识，就会发现“阄”字所包含的实乃天才的造字法！

著名文字学家张舜徽先生在《说文解字约注》一书中详细解释了“阄”的造字思维：“今之拈阄，所以决疑止争也。凡物之多少美恶，事之先后崇卑，彼此分受，不能辄定者，则以拈阄断之，以其能决疑也。故其字从龟。龟者，所以决疑之物也。许云龟声，声中固有义矣。以其能止争也，故又从鬥。”

众所周知，古人烧灼龟甲来占卜吉凶，因此用“龟”来表示“决疑之物”；抓阄或拈阄是为了止息纷争，相斗才能决胜负，因此用“鬥”来表示止争之意。这难道不是一种天才的造字思维吗？

张舜徽先生又写道：“今湖湘间语，正读古矦切。”也就是说，“阄”还可以读作 gōu。段玉裁在为《说文解字》所作的注中解释说：“今人以为拈阄字，殆古藏彄之伪。”按照段玉裁的解说，“阄”实为“彄（kōu）”的讹写。

这就要追溯到古时的“藏彄”之戏了。

“彄”既然从弓，那么就一定跟弓箭有关系，本义是弓箭两端系弦之处。古人射箭的时候，要在右手的大拇指上戴一个护手的东西，既可以扣住弓弦，又可以防止弓弦擦伤手指，这个东西称作“彄环”或“扳指”。因为它由玉或象骨制成，又引申为指环之类的装饰品。记录西汉杂史的《西京杂记》卷一载：“戚姬以百炼金为彄环，照见指骨。”戚姬指戚夫人，乃刘邦的宠妃，“藏彄”之戏所藏的“彄”，即戚夫人的这枚彄环。“藏彄”又称“藏钩”，猜的就是女人的金环藏在哪只手中。

综上所述，“抓阄”的方法实由“藏彄”的游戏而来，只不过将指环换成了预先做好记号的小纸团而已。

这是一幅三联锦绘，画的是室内热闹的新年“福引”活动。“福引”是一种类似抽签、抓阄的游戏，原是日本民俗，新年里把钱币或其他彩头挂在绳子上，大家来抽选，看谁幸运得奖。所以“福引”一词在俳句中是代表新年的“季语”（俳句中必须有一个能代表季节的词语）。据说这个游戏起源于公元702年日本文武天皇在正月里举办的以布条之类抽选奖品的仪式。另外“福引”也是一种新年占卜游戏，两个人合作拉扯一块年糕

《福引》，喜多川歌麿绘，约一七五四—一八〇六年。

来预测当年好运与否，日本竹枝词有“妾固手轻郎手早，愿同福引入新年”之句。

画面上一群妆扮入时的丽人正围在一起抽福引，另有一位男士和几个女子在外围关注抽奖结果。不知谁最幸运呢？室外门径插松竹，缀纸灯，室内装饰、和服图案均与新年有关。明黄色的大量运用让画面显得明亮、华丽又温暖。

狗拿耗子
并不是多管闲事

俗话说："狗拿耗子，多管闲事！"把狗去捉拿耗子视为不务正业。不过鲜为人知的是，在古代，狗的主要职责之一就是捉拿耗子。

猫的驯化远远没有狗那么早，先秦的时候，猫还属于山林动物，逍遥自在地在山林之间游荡，跟宠物的概念丝毫不沾边。猫的主食是出没于农田之中的田鼠，而不是家鼠。周代岁末举行祭祀时，迎请的八种神中就有猫，并且将猫和老虎归为一类，可见猫还是野生动物。这就是《礼记·郊特牲》中所说："迎猫，为其食田鼠也；迎虎，为其食田豕也。迎而祭之也。"

那么，早就猖獗的鼠患问题是怎么解决的呢？答案是：训练捕鼠犬。《周礼》记载，周代有"犬人"一职，职责之一是："凡相犬、牵犬者属焉，掌其政治。"郑玄注解说："相谓视择，知其善恶。"贾公彦进一步解释说："犬有三种：一者田犬，二者吠犬，三者食犬。若田犬、吠犬，观其善恶，若食犬，观其肥瘦，故皆须相之。"

捕鼠犬当然也需要"相"。《吕氏春秋·士容》中记载了一个有趣的故事："齐有善相狗者，其邻假以买取鼠之狗，期年乃得之，曰：'是良狗也。'其邻畜之数年，而不取鼠，以告相者。相者曰：'此良狗也。其志在獐麋豕鹿，不在鼠。欲其取鼠也则桎之。'其邻桎其后足，狗乃取鼠。"这条狗显然自视为追捕獐、麋、野猪、鹿的猎犬，因此要把它的后腿绑起来，让它明白自己的职责是捕鼠。

至迟到西汉时期，猫已经被驯化，专门用来捕鼠。唐代，家猫开始大

《猫僧人》，大久保巨川绘，一七六五年。

大久保巨川（1722—1777）是江户时代中期的俳谐诗人、浮世绘师、出版家。原名忠舒，号巨川、菊簾舍、城西山人。他在浮世绘发展史上是一个重要人物。“锦绘”（多彩套印木版画）的诞生与他密切相关。

江户时代，当日历开始普及，将和历（日本历）的大小月份变化用各种图案和文字进行精心设计而制成的“绘历”开始在俳谐诗人团体、富有的武士及好事者之间竞相交换和流传。明和二年（1765），大久保巨川主持举办绘历赛会，吸引了以铃木春信为首的画师、雕刻师、拓印师等参与。大久保巨川向春信定制了一批多彩印刷绘历，这让他成为全彩印刷版画实验的最初赞助人。绘历大获成功，铃木春信也一夜成名，被后世誉为锦绘鼻祖。

大久保巨川自己也参与设计绘历，这幅《猫僧人》就是他的作品。他将代表1765年的大月月份的数字巧妙隐藏在猫僧人身披的外袍上的菊花图案中。猫这一物种是随着从中国留学回国的僧人传入日本的，所以被称为“唐猫”。自带神秘感的猫出现在各种灵异故事中，也成为宫廷宠物。《枕草子》记载，清凉殿里饲养的御猫，叙爵五位，称为“命妇”。有了猫，狗吠叫、追猫都成了罪过。画面上这只打扮成老僧人的猫，一爪扶杖，一爪持佛珠，正饶有兴致地看着一只被猛禽捉住的老鼠，看起来完全没有亲自捕鼠的意思。

规模地繁衍起来，家家户户都开始养猫捕鼠了。到了今天，猫更是被作为宠物豢养，捕鼠的功能逐渐退化。狗呢，看见老鼠目不斜视，动都懒得动一下，当年捕鼠的主要职责大概早就从基因中删除了。

非驴非马
竟然真的是骡子

今天还在使用的“非驴非马”这个日常俗语，更多的是用其比喻义，比喻那些不伦不类的事物。不过，这句俗语最初诞生的时候，就像一道脑筋急转弯的试题，其含义还真的就是其本义，即骡子。

《汉书·西域传》载，龟兹国王绛宾娶乌孙的汉朝公主解忧公主之女为妻，汉宣帝时期，二人一起入朝朝贺，受到汉室的热情接待和赏赐。“后数来朝贺，乐汉衣服制度，归其国，治宫室，作徼道周卫，出入传呼，撞钟鼓，如汉家仪。外国胡人皆曰：‘驴非驴，马非马，若龟兹王，所谓嬴也。’”

“徼（jiǎo）道”指巡逻警戒的道路，“周卫”指宫禁。以上这些都是汉室制度，迥异于西域，因此西域的胡人皆曰：“驴非驴，马非马，若龟兹王，所谓嬴也。”“嬴”即“骡”，“骡”是俗字。

《说文解字》：“嬴，驴父马母。”西晋学者崔豹在《古今注》中说：“驴为牡，马为牝，生骡；骡为牝，马为牡，生駏。”古人称雄性的鸟兽为“牡”，称雌性的鸟兽为“牝（pìn）”。公驴和母马杂交出来的就是骡子，母骡和公马杂交出来的则称“駏（jù）”。古人对事物分类之细，于此可见一斑。

东晋葛洪所著《抱朴子·论仙》中写道：“愚人……不信骡及駏驉，是驴马所生，云物各自有种，况乎难知之事哉？夫所见少，则所怪多，世之常也。”“駏”也叫“駏驉”，体型比骡子小，特点也是善走。“所见少，则所怪多”，可见骡子和駏驉都不是古人日常生活中常见的牲畜，甚至驴都是从西域引进的家畜，因此才会出现于西域胡人之口。

西域胡人对绛宾“驴非驴，马非马”的评价，被后人浓缩为“非驴非马”这个俗语；顺理成章地，“骡子”也从此成为詈词。因为骡没有生育能力，所以古代医学所说的五种天生不孕的女子，第一种就称作“骡”（或“螺”）。娶亲时绝不能使用骡子，也是这个道理。

《太平风会图》（局部），传元代朱玉绘，纸本设色长卷，美国芝加哥艺术博物馆藏。

朱玉（1293—1365），字君璧，一作均璧，昆山（今属江苏）人，元代画家，生平鲜为人知。《太平风会图》描绘了十四世纪中国大都市的生活百态。画中人物皆以淡墨勾勒，浅灰晕染，再施以色彩，形象丰富生动，包括文人儒士、贩夫走卒、百工艺人等，他们或举家出游，或当街叫卖，或醉卧街头，或跣足，或乘车，或赶牛，或驱骡，或骑马，肩扛身背，携幼纵犬。此画细节之丰富令人目不暇接，似一幅市井百工图谱。

据统计，整个画卷绘有约四百七十人，牛三头，马十四，骡子四十五匹，羊九只，猪十头，狗七条，还有猕猴、鹅等动物。选取的这一段画面描绘了多组驮运货物赶路的人，其中有的挑担、肩扛，靠人力运输，也有驱赶骡队，利用畜力押运的。骡队分三组，皆自左向右而行，赶骡的持鞭在后。骡作为马和驴杂交的后代，具有马的力量和驴的耐性，食量又比马小，非常适宜长途运输。画中骡背上都装载了沉甸甸的货物，用绳索扎紧，健步前行，前路漫漫，任重道远。

夜猫子
原来指鸱鸺这种怪鸟

“夜猫子”这个日常俗语，今天只用来比喻那些喜欢熬夜的人，但在古代，“夜猫子”却是指一种真实存在的鸟儿，而且名字很古怪，叫作“鸱鸺（chī xiū）”。

晚清文康所著话本小说《儿女英雄传》第五回“小侠女重义更原情 怯书生避难翻遭祸”中写道：“这老枭，大江以南叫作猫头鸱，大江以北叫作夜猫子，深山里面随处都有。这山里等闲无人行走，那夜猫子白日里又不出窝，忽然听得人声，只道有人掏他的崽儿来了，便横冲了出来，一翅膀正搧在那骡子的眼睛上。”

《诗经·大雅·瞻卬》中有“为枭为鸱”的诗句，“枭”和“鸱”都是猫头鹰一类的鸟，古人认为这种鸟是恶鸟，又说“枭”是不孝之鸟，长大后会吃掉自己的母亲。

三国时期魏人张揖编纂的《广雅》中说：“鸱鸺，怪鸱也。”北宋学者陆佃所著《埤雅·释鸟》中说：“鸱鸺，《释鸟》所云怪鸱是也。其鸣即雨，为游可以聚诸鸟。一名只狐，昼无所见，夜即飞啖蚊虻、鸮服、鬼车之类。”“鸮（xiāo）”也是鸱一类的鸟，楚人称“鸮”为服鸟，故称“鸮服”。“鬼车”俗称九头鸟，从名字即可看出也是一种能制造灾殃的怪鸟。

这就是鸱鸺的特性。《庄子·秋水》中写道：“鸱鸺夜撮蚤，察毫末，昼出瞋目而不见丘山，言殊性也。”意思是说：鸱鸺夜里能抓到跳蚤，明察毫毛之末，白天瞪大眼睛也看不见山丘，说的是秉性不同。

《诗经·豳风图》「鸱鸮」，传南宋马和之绘，赵构书，绢本设色长卷，美国大都会艺术博物馆藏。

大都会艺术博物馆藏的这卷《诗经·豳风图》也是传世马和之绘《毛诗图》之一，与北京故宫博物院藏《豳风图》十分相似。

这幅画的是《豳风·鸱鸮》一篇诗意。《毛诗序》曰："《鸱鸮》，周公救乱也。成王未知周公之志，公乃为诗以遗王，名之曰《鸱鸮》焉。"不过今人一般认为这是一首寓言诗，背后所寄托之事已难确考。全诗以一只母鸟的语气，控诉毁坏自己巢室、抓走自己雏鸟的猫头鹰。"鸱鸮鸱鸮，既取我子，无毁我室。恩斯勤斯，鬻子之闵斯。"大意为：鸱鸮啊你已经夺走了我的孩子，不要再毁去我的巢室。我含辛茹苦，早就为养育孩子生病了。"予羽谯（qiáo）谯，予尾翛（xiāo）翛，予室翘翘。风雨所漂摇，予维音哓（xiāo）哓。"此二句意为：我的翅羽凋敝，我的尾羽残破，我的巢室垂危，在风雨中飘摇，我只能惊恐地哀号。

画面上有两块山石，一株枯树，树上有巢，两只小鸟，一只在巢，一只衔草归来。大约衔草者为诗中母鸟，巢中为幼鸟。巢毁子去的厄运尚未到来，整幅画有种风雨前的平静，让知晓它们命运的观者揪心。

《广雅》又说："今江东通呼此属为怪鸟。"清代乾隆年间学者王念孙在为《广雅》所作的疏证中说："怪鸱头似猫而夜飞，今扬州人谓之夜猫。"可见至迟到清代初年，扬州民间已经将鸱鸺这种怪鸟称作"夜猫"了。文康是晚清时人，"大江以南叫作猫头鸱，大江以北叫作夜猫子"的记载并不准确。不过从中也可看出，"夜猫子"这一名称此时已经传遍江南江北，成为中国民间的共用俗语了。

后人对前人的分类之细多不耐烦，因此将鸱、枭一类的鸟统称为猫头鹰。又因为猫头鹰的习性乃昼伏夜出，所以移用于喜欢熬夜的读书人身上，称之为"夜猫子"，以至于今人但知"夜猫子"的比喻由猫头鹰而来，而不知其实是由鸱鸺这种怪鸟而来。

筹码
原来跟“马”大有关系

“筹码”一词，过去指赌博时用以计胜负的物品，沿用下来称可以代替货币的票据，再延伸用来比喻决胜负的标准。最后一个义项今天使用得最多。不过，“筹码”最初写作“筹马”，而且真的跟“马”大有关系呢！

“筹马”来自古代宴会的礼制，同时也是一项娱乐活动。这项娱乐活动叫投壶，宾主依次把箭矢投向盛酒壶的壶口，以投中多少决胜负，负者饮酒。明人谢肇淛评论说“投壶视诸戏最为古雅”，可见起源之早。

投壶这项活动是模仿射箭而设，所以用来投掷的东西就叫“矢”，即箭矢，又称作“筹”。《说文解字》：“筹，壶矢也。”投壶所用之壶就是席间的盛酒器，长颈，里面装有小豆，以防止投入的矢跃出来。计算投中次数的筹码叫“算”，竹制，长六寸。盛算的器皿叫“中”，木刻而成，刻成兕（sì，犀牛）或鹿的形状，背上凿有小孔以盛算。胜算叫“马”，也是木刻而成。郑玄解释说：“马，胜算也。谓之马者，若云技艺如此，任为将帅乘马也。”郑玄的意思是说投壶由射箭而来，将胜者比作将帅，因此刻成马形。

投壶礼三次为一轮，每胜一轮则立一马，表示所胜的次数。所谓“立马”，是指投完一轮后，胜者罚负者饮酒，饮完后，司射的人取一支“马”插立于胜方前的地面上。孔颖达进一步解释说：“必谓‘算’为‘马’者，马是威武之用，为将帅所乘。今投壶及射，亦是习武，而胜者同表堪为将帅，故云‘马’也。”这就是“筹马”的由来，“胜算”一词也由此而来。

《晋书·袁耽传》载，桓温年轻时嗜赌，欠了很多钱，求袁耽帮他捞本。

袁耽“投马绝叫”，这个“马”就是指筹马。随着时间的流逝，投壶之礼越来越简单，马形的这种“胜算”也渐渐消亡，表示数目符号的“码”字遂替代了“马”，以至于今人但知“筹码”，却不知道它跟“马”有什么关系了。

《仕女清娱图》之『投壶』，清代喻兰绘，纸本设色，北京故宫博物院藏。

喻兰（1742—1809），字韵斋，号少兰，另号西清画史，浙江桐庐人。曾供奉内廷，每画必钤“曾经御览”之印。在画院先后绘帝容十一次，非常得宠。擅画人物仕女，匠心独具，用笔浓重。

《仕女清娱图》共八幅，描绘大家闺秀在室内品茗、吹箫、梳妆、舞剑等自娱自乐的活动，属于行乐图一类。图中女子服饰华美，家境优越，多才多艺，展示了男性画家对闺阁生活的想象。人物面部轮廓参用西方技法，勾勒工细，以赭色烘染，富于立体效果。衣纹线条遒劲爽利，含婀娜于刚健。赋彩浓重，以明丽色调烘托少女的青春活泼。

此幅描绘的是室内投壶的场景。一只古雅的壶器置于圆凳上，坐在椅子上的小姐玩得正酣。空中壶矢乱飞，壶口插着两三支投中的，未投中的散落在地上。旁边多宝阁架子上备有酒壶酒盏。小姐手中已无“筹”，不知最后如何计算输赢，倘若输了可要罚酒呢。

喷嚏
古时候就指被人想念

中国民间有“打喷嚏，有人想”的谚语。鲜为人知的是，这句谚语并非是今天才发明出来的，而是古已有之，而且古老的程度绝对超出今人的想象。

《诗经·国风·终风》是一首弃妇思念丈夫的诗篇，其中吟咏道：“寤言不寐，愿言则嚏。”寤（wù），睡醒；寤言，睡醒后自言自语，却无人回应；愿，思念；愿言，殷切思念的样子。

郑玄注解说：“我其忧悼而不能寐，汝思我心如是，我则嚏也。今俗人嚏，云：‘人道我。’此古之遗语也。”意思是说：“寤言不寐”是指这位弃妇半夜醒来自言自语，然后再也睡不着了；“愿言则嚏”是指这位弃妇心中揣想：我这么想念你，你是不是也在想念我？如果你也想念我的话，那么我就会打喷嚏。

可见至迟到春秋时期，打喷嚏就被认为是有人想念才会出现的生理现象，因此东汉时期的郑玄才说“此古之遗语也”。孔颖达又进一步解释说：“称‘俗人云’者，以俗之所传，有验于事，可以取之。《左传》每引‘谚曰’，《诗》称‘人亦有言’，是古有用俗之验。”孔颖达认为，人打喷嚏后之所以会说“人道我”，是“有验于事”，即是被过去很多事所验证过的。

可不要觉得孔颖达是信口胡说，“有验于事”于史有征。《汉书·艺文志》所载书目中有“嚏、耳鸣杂占十六卷”，李零先生在《兰台万卷》中说：“占嚏、占耳鸣，与占目瞤（眼跳）是一类。”“瞤（shùn）”指眼皮跳动。《西京杂记》载，西汉开国功臣樊哙向陆贾询问："自古人君皆云受命于天，云有瑞应，岂有是乎？"陆贾回答道："有之。夫目瞤得酒食，灯火华得钱财，乾鹊噪而行人至，蜘蛛集而百事嘉。小既有征，大亦宜然。"眼皮跳动会得酒食，灯烛结花会得钱财，喜鹊叫会来客人，蜘蛛聚集则百事顺利。可见在古人看来，这些征兆都是经过了验证的。

不过，正如两宋间学者马永卿在《懒真子》中的感叹："然则嚏、耳鸣皆有吉凶，今则此术亡矣。"看来打喷嚏并不仅仅指被人想念，其中还有吉凶之分，因此古人才有占嚏之术，可惜的是此术早已失传，令人徒唤奈何！

萧照，字东生，濩泽（今山西阳城）人。南宋画家，生卒年不详，约活动于十一世纪末至十二世纪上半叶。据传于靖康间在太行山区流落为寇，一次劫一客，乃画家李唐，遂拜为师。后入南宋画院为待诏，赐金带，是李唐弟子中的佼佼者。擅画山水、人物、舟车、屋宇等，尤长奇松怪石，画面笔健墨重，皴法遒劲，苍莽葱郁，气势雄伟。

《中兴瑞应图》是一种“政治宣传画”。当时宋室南渡，政局纷乱，宋高宗赵构实属非正常继位，所以要刻意宣传自己是顺应天意的真命天子来巩固皇位。他授意宠臣曹勋辑“瑞应诸事”，《中兴瑞应图》据此描绘了赵构即位前的种种瑞应传说。画卷原作共十二段，此为明代仇英的临摹作品，共四段，用笔粗健，设色精细，得萧照原画神髓。

此段绘深宫内庭，茂盛的树木围绕一座台榭，台榭中设有棋盘，几位女眷立于一侧，当中着红袍者为赵构之母显仁皇后，正掷棋子占卜。唯独写有赵构名字的棋子入九宫格中，余皆不入，显示赵构继位实乃天意。小民打喷嚏可验证“有人想我”，皇后掷棋子卜得真命天子，对古人来说，“小既有征，大亦宜然”，都不是开玩笑的。

《临萧照中兴瑞应图》（局部），明代仇英临绘，绢本设色长卷，北京故宫博物院藏。

痞气
竟然是指疟疾之病

日常口语中，流氓、无赖、恶棍称为“痞子”，形容这类人说话下流、行事不正经、吊儿郎当叫作“痞里痞气”。这样的说法很奇怪，“痞”到底是什么东西？为什么可以用来指称这类人呢？

原来，“痞”和“痞气”竟然是指一种病，而且还是人们熟知的疟疾！

《说文解字》：“痞，痛也。”许慎解释得还不完整，刘熙在《释名·释疾病》中则说：“痞，否也，气否结也。”“否（pǐ）”的意思是闭塞、阻隔不通，因此南朝字书《玉篇》进一步解释说：“痞，腹内结病。”

也就是说，“痞”的本义是胸中或腹内懑闷结块，导致疼痛不已。正如明代字书《正字通》中所说：“不痛者为痞满，痛者为结胸。”“痞满”即“痞懑”，李时珍在《本草纲目》中描述了病因：“心下结硬，按之无，常觉痞满，多食则吐，气引前后，噫呃不除，由思虑郁结。”“结胸”则指邪气郁结于胸中，按起来又硬又痛。

这些都属于常见病，过去的医家认为是由疟疾引发的疾病，东汉“医圣”张仲景所著《金匮要略》中写道：“病疟，以月一日发，当以十五日愈，设不差，当月尽解。如其不差，当云何？师曰：此结为症瘕，名曰疟母。”也就是说，疟疾久病不愈，以至于气血亏损，瘀血郁结而成痞块，称作“疟母”。所谓“症瘕（jiǎ）”，结块坚硬，又不移动，有固定的痛处的，称“症”；经常移动痛处的称“瘕”。

南宋学者周密所著《志雅堂杂钞》中记载了古代医家的“四怕”：“俞

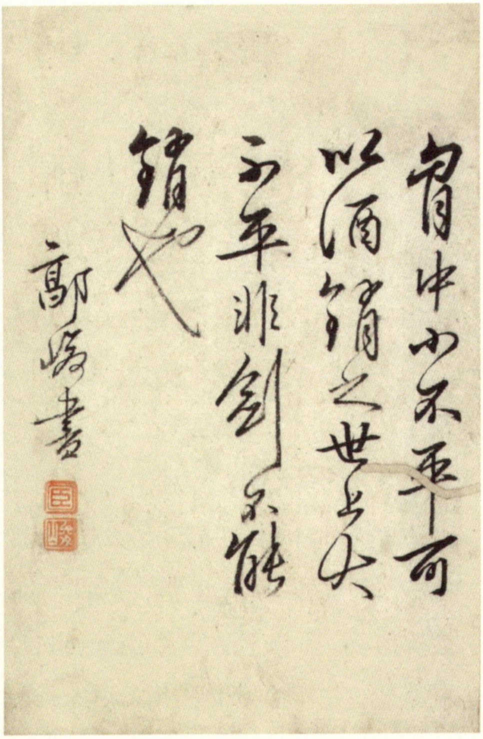

《清初十四家书画集锦册·朱溦人物册页》，清代朱溦绘，纸本墨笔，北京故宫博物院藏。

朱溦，生平不详。此幅出自北京故宫博物院所藏清初书画集锦册，一幅画配一幅书。

“胸中小不平，可以酒销之；世上大不平，非剑不能销也。”此句出自张潮《幽梦影》，谓胸中郁积之块垒，尚能以酒相浇，而世间之大不公大不义之事，非奋起拔剑、快意恩仇不能平复。画上人物不知姓名，似是古来落拓江湖、侠气纵横、慷慨悲歌之人物的缩影。他须发耸动，逆风而立，大肚能容，胸中充满不平则起的豪气与块垒难浇的无奈。

唐人有诗云：“野夫怒见不平处，磨损胸中万古刀。”见过太多世间不平，一腔悲愤梗在胸中，连胸中那把“刀”也渐渐磨损了。

老医云：医官怕四子：痁子，虐；顿子，嗽；颠子，痢；市子，疥，或作世子。此皆医行市语也。”“痁（shān）”指多日一发的疟疾；“顿子”指久咳不愈；“颠子”指痢疾；“市子”或“世子”指疥疮，一说“疥”通“痎（jiē）”，指隔日一发的疟疾。

综上所述，“痞”就是指疟疾久病不愈而导致的胸腹间的痞块、痞积，而“痞气”则指脾脏郁结成块，即慢性脾脏肿大。相传为战国名医扁鹊所著的《难经》第五十六难中写道：“脾之积名曰痞气，在胃脘，覆大如盘，久不愈，令人四肢不收，发黄疸，饮食不为肌肤。”

从清代后期起，人们开始在日常口语中把“痞”字移用到人身上，比如痞棍、痞徒、兵痞、文痞、地痞、痞子等贬称。耍流氓、耍无赖本是一种恶劣的习气，谈不上罪大恶极，但是滋扰乡间的行径却又令人生厌，就如同坚硬地驻扎在胸腹之间的痞块，或痛或不痛，虽不至于致死，却无法彻底清除，因此，用“痞”字来形容这类人实在是太形象啦！

图书在版编目(CIP)数据

100个日常俗语中的古代社会史 / 许晖著. —桂林：广西师范大学出版社, 2022.2(2024.2 重印)
ISBN 978-7-5598-4469-9

Ⅰ. ①1… Ⅱ. ①许… Ⅲ. ①汉语-俗语-研究 ②社会史-研究-中国-古代 Ⅳ. ①H136.4 ②K220.7

中国版本图书馆 CIP 数据核字(2021)第 238519 号

100个日常俗语中的古代社会史
100 GE RICHANG SUYU ZHONG DE GUDAI SHEHUI SHI

出 品 人：刘广汉
策划编辑：尹晓冬 宋书晔
责任编辑：王荣光
执行编辑：宋书晔
选图、解说：芸 窗
装帧设计：王鸣豪

广西师范大学出版社出版发行
(广西桂林市五里店路9号 邮政编码:541004
网址:http://www.bbtpress.com)
出版人:黄轩庄
全国新华书店经销
销售热线:021-65200318 021-31260822-898
山东临沂新华印刷物流集团有限责任公司印刷
(临沂高新技术产业开发区新华路1号 邮政编码:276017)
开本:720 mm×1 000 mm 1/16
印张:22.75 字数:270千字
2022年2月第1版 2024年2月第5次印刷
定价:88.00元